人生が大きく変わる
アファメーションCD付

よしもとばなな×ウィリアム・レーネン

伊藤仁彦　磯崎ひとみ［訳］

人生を創る

感謝と愛と奇跡に満ちて生きるために

Finding your true self
and carving out your true path

Banana Yoshimoto × William Rainen

ダイヤモンド社

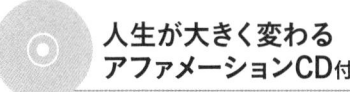

人生を創る

よしもとばなな

あまりにもウィリアムが自然にそこにいるから、私はたまに木とか岩とかといっしょにいるような気持ちになる。ぞんざいにしているという意味ではなくて、なにか大きなものに包まれているような。

「これが本来の人間というものなんだ、なんて大きなものだろう」とウィリアムに会うたびに思う。

怒り、笑い、皮肉を言い、エロ話をし、痛みに耐え、するどく人を見抜いて、果てしなく優しくて、いつでも人をサポートしていて、自然を愛し、好きな人とおいしいものを食べて…その全部がウィリアムの宇宙の中で美しく調和している。人間は自然であり宇宙の一部であり、アートなのだと彼を知ってから信じることができるようになった。

大勢の人に会ってきたが、言っていることとやっていることが違わない人はほんの数人だ。だれもがどこかで「ここは隠しておこう」とか「ここはまた今度」というふうにごまかして生きている。ウィリアムは違う。

そんな人がひとりいるだけで、まわりの人は目が覚める。私も夫も、ウィリアムのマネジメント兼通訳と翻訳をこなしている伊藤仁彦《よしひこ》さんも、この本をいっしょに創った磯崎ひとみさんや酒巻良江さんも、ウィリアムが生きているのを見るだけで、心の中で大きくなにかが変わった。みなの顔つきが違ってきたし、生き方も変わったと思う。

「こんな人がいるなんて」はじめはただそれだけだ。

しかし、だんだんと自分の中に光が芽生えてくる。それははじめ小さいけれど、もう前の自分ではいられなくなってくる。

ウィリアムの体の状態と年齢を考えると、日本までの旅がどんなに痛くてたいへんなものか、考えずにはいられない。それでも彼はただ来てくれる。そして人生の時間をシェアしてくれる。その姿を見ると自分の悩みや小さいこだわりはどうでもいい、ただ生きようと思えてくる。彼から発しているポジティブで野性的な光を見ると、よし、と思う。ただそう思うのだ。

そんなすごいウィリアムがやっぱりすごい仕事をたくさんしてきた伊藤さんと、ほんとうはすかして静かに語らい合ったりおだやかにお互いをたたえあったりするような場面でも、全然そんなふうに見えずにげらげら笑いながらパクパク食べているのを見ると、なぜだか「これが人生だ」と思う。

なんでもないときにウィリアムが伊藤さんに「ヨシ、ありがとう。このアロマスチーマーがあって、とっても空気がいいんだ」「ヨシがこうしてくれたから、動きやすいんだ」とか言っているのを見ると、ちょっと泣きたくなる。感謝以外なにもないほんとうの言葉。全然見返りを求めない伊藤さんの優しい行動。ほとんど休まないでただただ働き「真っ暗な部屋に帰ってひとりぼっちになるのが最高！」という独自な幸福感を持っている彼だからこその、飾りではないいろいろな思いやり。

それはちゃんとウィリアムにも伝わっていて、ふたりの間にはきゅっとつまりすぎていないほんわかした光の輪ができている。少しでもお互いに何かを強いたら消えてしまう光。

それを見ると、神様に感謝したくなる。彼らが、自分が生きていることを。きっとそれだけでいいのだ。

「これは特別な人生を歩んでいるウィリアムとよしもとさんの本だ、自分はそうはいかない」とは決して思わないでほしい。私たちは弱く、繊細で、苦しみ傷つき、時には這うようにして自分の人生を歩んできた。みんな同じなのだ。決めるか決めないかだけだ。決められなかったらまた明日決めればいい。あるいは気づいたらもう戻れない新しい道にいるかもしれない。人生を楽しんで、そして創ってほしい。どんなに苦しくても必ずできる。本来人はそう創られているのだから。そして、時間がたったあるときにふと見ると同じような仲間がまわりにいるだろう。仲間はべたべたしないけれど、それぞれの場所で同じ苦しみを味わってきたから、優しい目であなたを見つめるだろう。それだけでもう報われるものなのだ。人間だけが創る、人生のアートを楽しもう。地上にいられるわずかな時間を、生き生きと生きよう。ウィリアムが先にいる。そうやって生きてきた人がいる。だから私たちにもきっとできる。

この本の中にいっぱいつまっているヒントが、「自分の人生を生きたい」と思う人に届くことを心から願っています。

人生を創る
目次

「人生が大きく変わるアファメーションCD」について

アファメーションとは？

「人生が大きく変わるアファメーションCD」の使い方

効果アップ！　アファメーションのコツ

注意！　言いっぱなしでは効果半減

アファメーションを作ってみよう

プロローグ
——発刊によせて

ウィリアムへ

私もウィリアムも、共通点は慣習から離れて過激な面があることと、地に足のついたスピリチュアリティを大切にしていることだと思います。
ふつうにスピリチュアルを好きな人の逃避的な（場合が多い）感覚でもなく、成功を目指すだけの人たちでもなく（ああいう人たち、成功しちゃったらやることがなくなるから困るんじゃないかなって思うときがある）、その人にとっての幸せとはなにか、というのを痛みも含めてとらえられているところが、読みどころになるんじゃないかなと思います。

ばなな

ばななへ

あなたに会うたびに、人生は変化に満ちていること、自分がポジティブなエネルギーにフォーカスしようとさえ思えば、変化はよきものになることを思い出します。痛みをともなう経験をおそれる人は、「理解を深める」という成長のチャンスを逃しています。どんな経験であれ、どう対処するかには、少なくともふたつの選択肢があります。

ひとつは、ネガティブに対処する選択肢です。不満を言い、嘆き、泣き、責め、自分を悪く思い、その経験の記憶にしがみつきます。

ふたつ目は、ポジティブに対処する選択肢です。微笑み、笑い、人の助けに感謝し、さまざまな楽しめる方法を探し、過去ではなく今に生きます。

私は、事故で障害を負ったあと、ＭＲＳＡ（メチシリン耐性黄色ブドウ球菌）に院内感染し、何ケ月も入院していたことがあります。その間、嘆いたり落ち込んだりしてネガティブに対処することもできましたが、毎日（意識があるときには）、人と分かち合い、これまでとは違うやり方で自分に価値を与えられると言い聞かせました。

スピリチュアリティは、論理的なものではありません。自分はスピリチュアルな人間だと主張する人たちの中には、知識にとらわれて、感じる喜びを逃してしまっている人たちがたくさんいます。

私があなたについて楽しいな、素敵だなと思うことのひとつは、自分の感じることを隠さない点です。世界に表現するよしもとばななと、友人に表現するよしもとばななに違いがありません。自分自身に正直であることが、あなたの作品を正直でオープンなものにしています。

愛と祝福を　ウィリアム

1

私たちの魂が求めているもの

ウィリアムがモードを変えて、人を観る姿勢になったとき、これ以上的確な言葉はない、というくらいにそのときの自分に的確な言葉を言ってくれるのを知っています。

それはたいていの場合、今の自分にとってきつくて苦い言葉なのですが、しだいに、その言葉の方向へ自分の魂が向かっていくのがわかります。

よしもとばなな

私は死をおそれていません。なぜなら、死として知られる変化ののちも、肉体のない人生があるのを知っているからです。

私は、人は「ほんとうの自分」を生きることに責任を持ち、「自分にとっての真実」を語る必要があると思います。

ウィリアム・レーネン

ウィリアムへ

ウィリアムは何回か本に書いていたけれど、もしよかったら、子どもの頃の話を聞かせてください。ラムを飲んで、羊を食べるおばあちゃんの話、その亡くなりかた。そしてあなたをとりまいていた精霊たちの話を。

それから、ウィリアムはもしかしたら、死ぬことをこわいと思っていないのではないですか?

私が年齢の高い人と会うとき、いつも少し淋しい気持ちになります。それは、私がおそれているからではなくて、その人たち自身が死をおそれているからだということが、ウィリアムに会ってはじめてわかりました。

というのは、ウィリアムはいつでもほんとうに今の時間の中にいるから、金色に光り輝いているように見えるのです。人が未来や過去に心をそらすことでどれだけエネルギーを消費してしまうのか、やっと理解できたように思えます。

ウィリアムは、かといって、やけくそになってやりたいことやってしまえ、死ぬのなんかこわくないぞ！　とただ目をそらしているのでもなく、足が悪いこともただそのまま、その通りに受け止めているし、あきらめを交えて静かに受け止めすぎているわけでもなく、ただただ、今にいるんだなあと思うんです。

つまり「命が生きているから、生きているあいだ、ただただ生きる」そういうシンプルな姿勢です。

私がはじめてウィリアムに会ったのは、あなたが事故にあう前でした。

年齢を重ねたからでも、苦しみを味わったから深みが出たのでもなく、あのときのあなたと今のあなたは別人のようです。今のあなたは、金色です。そして、当時のあなたは、白っぽい光がまだらにきらきら出てくる感じでした。それがオーラというものなのかどうか、私にはいつもわからないのですが、私には、そういうふうに見えます。その変化について、思うことがあったら、教えてください。

ウィリアムがモードを変えて、人を観る姿勢になったとき、これ以上的確な言葉はない、というくらいにそのときの自分に的確な言葉を言ってくれるのを知っています。

それはたいていの場合、今の自分にとってきつくて苦い言葉なのですが、しだいに、その言葉の方向へ自分の魂が向かっていくのがわかります。

そして自分の日常は勇気のいる手術を受けることになりますが、それはじつのところ、魂にとっての喜びであることがわかります。

もしウィリアムがありのままの自分を十全に生きている人でなければ、そのようなアドバイスの重さは減ってしまうでしょう。

また、甘い言葉を告げて、現実のサクセスや、魂の叫びから目をそらすようなアドバイスをすることは、相手を悩ませないし簡単なことかもしれないのに、真実をズバっと告げるウィリアムは、勇気ある人だと思っています。

昨日会いに行ったとき「今日はピザ！　ピザが食べたいんだ！」と言って、ピザハットのチキンのピザをひたすらがんがん食べているあなたを見て、あらゆる意味でいいなあと思いました。私もそんなふうに、そのときどきに欲するものに向かう、自由な心でありたいです。そして「ヨシ、残ったピザをあとでまた食べるから、冷蔵庫に入れておいてくれ」って伊藤ヨシさんに言ってたことも、最高でした！

なんだかこちらから質問をいっぱい書いてしまいました。最初なので、このくらいにしておきます。お返事は急ぎません。そして、もしも私に質問があったら、どんどんしてくださいね！

愛をこめて　ばなな

ばななへ

私は成長期のほとんどを、マサチューセッツ州中部にある田舎の農場で過ごしました。人生の初期の環境は必ずしも心地よいものではなく、私は多くの時間をひとりで家の近くの森を歩いて過ごしていました。

子どもの頃、やはりマサチューセッツ州中部に農園を持っていた祖父母の家を家族で訪ねることがありました。バークシャーヒルズとして知られているところです。

祖母が高齢になると、両親が祖父母のために農園に家を建てました。祖母は英語を流暢《りゅうちょう》に話すことはできませんでしたが、私を理解してくれる唯一の家族でした。霊的《スピリチュアル》な生き方、テレパシーを使ってあらゆる生命とコミュニケーションすることなど、多くのことを教えてくれました。

祖母はジャガイモでお酒をつくり、自分で飲んでいましたが、同時に儀式《セレモニー》に使ったり、妖精、エルフ、森の生き物たちのためにも使っていました。

私が好きだったことのひとつは、森に入り、小さな池のそばに座って妖精やスティック・ピープル（人間のような姿だが、手足も胴も小枝《スティック》でできているように見える存在）とコミュニケーションすることでした。

けれども、こうした森にいる友人たちの話をすると、家族を含むほとんどの人から「クレージーだ」と思われてしまうことを幼い頃に学んだのです。私と祖母にはあたりまえのことが、多くの人には理解できない――、祖母は幼い私がこのことを理解できるように助けてくれました。

スピリットが見えたり、宇宙船や妖精とコミュニケーションできる大おばもいましたが、家族はこの大おばを世間から隠し続けていました。

まだ10歳にもならない頃、私は家族に知られないように、この大おばの家に行くことを覚えました。

でも最終的にばれてしまい、厳しく罰せられました。大おばが亡くなったとき、その死について語られることはなく、私は大おばのトレーラーハウスをこっそり訪れたときにはじめてその事実を知りました。

高校時代、私は期待される高校生像を生きようとしましたが、うまくいきませんでした。その頃の楽しかった思い出は、『宇宙戦争』の Mad Colonel（異常な大佐）の役を演じたことです。なぜそんなにこの役を楽しんだのかというと、過去にこの役を演じた男性のスピリットをチャネルできたからです。このときはじめて、私はスピリチュアルな人生と地上での人生を融合することができました。

私は死をおそれていません。なぜなら、死として知られる変化ののちも、肉体のない人生があるのを知っているからです。死後の世界の存在を信じている人は大勢いますが、実際にその次元を見てはいないので、私が生きている現実は理解できないと思います。

私の今の肉体の状態は、ただのひとつの経験です。あきらめてしまうよりも、私は「この新しい状況で、自分はなにができるのか」を発見するほうが楽しかったのです。

祖母は、「経験が悪いものになるのは、自分がものごとのポジティブな側面を見ようとしない場合だけだ」と言っていました。

ご存知のように、私は前は今のような障害を持っていませんでした。2002年、その数年前に交通事故で左足を骨折してからというもの、長い間、臀《でん》部と関節の痛みを経験し続けたので、主治医の提案に同意し、臀部の骨を取り換える手術を受けました。その結果、MRSA（メチシリン耐性黄色ブドウ球菌）に院内感染したのです。

その結果、入退院を繰り返すようになったとき、私は自分がそれまで人に教えてきたこと、信じること全てをあらためて自分自身に証明しようと思いました。

あなたが私のまわりに感じた色は、私が肉体の痛みに支配されず、ポジティブでいたときに出た色です。

オーラが見える人もいますし、オーラの中にどんな色があるか、頭の中で感知する人もいます。あなたは見て、感じて、聞こえるタイプの人ですね。食べ物を味わうように、オーラの色を味覚で感じることもできると思います。

だれもがそんなふうに簡単にできるわけではありません。あなたに可能なのは、まわりの全ての人、全てのことにとても敏感であると同時に、客観的だからです。サイキックな力を発揮するには客観的である必要がありますが、家族や親しい関係の人に客観的であることはそう簡単ではありません。

客観的であるということは、「感情移入をともなわない思いやり」を持つことでもあります（30ページ）。これも簡単ではありませんが、ある意味、自分が病気にならないようにするためにも、とても重要です。

あなたは、サイキックモードがどういうものかがわかっていると思います。多くの人がサイキックモードを理解しているようには思えません。

私は個人セッション（面会相談）やワークショップなどで、みなさんに情報をお伝えするときには、サイキックモードに切り替えて話します。その最中に突然、大きな音を立てられたり、集中をそぐことが起きてこのモードから出されてしまうと、戻るのは困難です。

また、当然、このモードで話したことを全て覚えているとよく思われるのですが、実際には覚えていませんし、覚えていたいとも思いません。私があなたに告げることも、他の人たちに告げることも、私個人とはなんの関係もないことなのです。だれもが「プライバシーを尊重されること」に値します。

あなたは、自分の魂が向かっていく方向について書いていましたね。これは重要なポイントです。現在のパーソナリティ（人格）が求めることと、魂／ハイヤーセルフが求めることには大きな違いがあります（33ページ）。

こんなふうに、あなたとさまざまなことについて語り合うのは、いつでも心地よく楽しいものです。あなたは、相手が話すことを「よい・悪い」と裁きませんから。

私が言うことに同意しないこともあるでしょうが、あなたは私が間違っているとは言いません。あなたは、だれにでも自分の意見を持つ権利があることを認められる人です。

私は、人は「ほんとうの自分」を生きることに責任を持ち、「自分にとっての真実」を語る必要があると思います。

私は個人セッションでも、自分が感知したことや思うことなど、「私にとっての真実」を正直に伝えます。たまに私の言うことがその人の期待にそわないと怒る人がいますが、私は、それはその人の問題だと思っています。

どう受け取るか、どう反応するかは、私の問題ではありません。それに、もともと私が満足させられる人はただひとり、私だけなのです。

自分の思いどおりに相手や相手の意見を変えようとするよりも、お互いの違いを認め合い、尊重する必要があります。

私とパートナーのルースが暮らす家に、新しい犬が3頭、増えたことは知っていますよね。ハワイ島では多くの人がペットを世話しきれずに、見捨てます。私が引き取った3頭のうち、2頭の成犬は栄養不良なだけでなく、肉体的にも虐待されていました。

私は、あなたが尊敬の念を持って動物を扱っていることを知っています。人と動物をケアすることに関して、どうすれば世の中を再教育できるか、なにかアイディアはありますか？

私はときどき、どうしてあなたは作家になろうと思ったのかと考えることがあります。あなたは、さまざまなキャラクターの、さまざまな違うレベルに触れることができます。どのようにして、そういうことができるのでしょうか？　また、それはどのような影響をあなたに与えていますか？

あなたのご家族、スタッフのみなさんに愛と祝福を　　ウィリアム

客観的な思いやり

人はみな、霊的に成長するために、この世に生まれてきます。生まれる前に自分でそう決めて、そのために人生でいろいろな出来事を経験するようになっています。

言い換えると、どのような出来事も、必要があって起きてきます。偶然ではありません。経験を通して、自分のカルマにバランスをもたらし、成長を達成すること。これが、私たちのほんとうの生きる目的です。

「恋人の仕事が大変そうで、心配。どうしよう」とおろおろしたり、「友達が病気で、かわいそう。どうしてあげたらいいだろう」と夜も眠れなくなったり――。多くの人が、そんなふうに感情移入します。

人の問題に心を痛め、いっしょに苦しむことを優しさのように考えている人たちがいますが、そうではありません。「ほんとうの思いやり」と「感情移入」は、別のものです。

病気や問題を抱えている人を励ましたり、必要なサポートをするのは大切なことですが、人はだれでも「究極的には、自分が人生で直面している経験には、自分で対処しなくてはならないこと」を忘れてはなりません。

私たちが責任を果たせるのは、自分の人生に対してだけです。

客観性を持たず、人や出来事に感情移入し、同じエネルギーを経験していると、自分の人生にフォーカスできず、結果的に、生まれてきた目的である「バランスと成長」を実現できなくなってしまいます。

また、「ギャンブルなんて、やめればいいのに」「ちゃんと働けばいいのに」などと、人の生き方を批判し、相手を変えよう、わからせよう、〝真っ当な〟人間にしてあげようというのは、その人がそのままでいる権利を侵害しているのと同じです。

ネガティブと考えられる経験・出来事を、カルマのバランスを取り、成長するために必要としている魂もあるのです。何を通して成長とバランスを達成するか、そのために必要な時間、空間、やり方は、人それぞれなのです。

ネガティブなことをしている人を好きになる必要はありませんが、その人がそのままでいる権利を愛すること、それが「無条件の愛」の実践であり、客観的であるということです。

「人を変えよう」とすることにエネルギーをそそぐよりも、「ほんとうの自分」を生きること、自分の人生で直面するさまざまな出来事にポジティブに対処するほうにエネルギーをそそぎましょう。

バランスと成長を意識して生きるようになればなるほど、宇宙がサポートしてくれるようになります。

魂が求めていること、今の自分が求めていること

多くの人は、親や社会から刷《す》り込まれた価値観や情報で、頭の中の7割が占められています。たとえば、多くの人が漠然と「結婚して、子どもを産んで、男性は外で働き、女性は家事と子育てをしなければならない」と思い込んでいます。

それが、ほんとうに自分にとって役立つ生き方かを正直に考えたことがありますか?

100人いれば、それぞれにさまざまな過去世があり、さまざまなカルマがあります。そして人はみな、カルマのバランスを取るために生まれてきます。たとえば、他者から抑圧される過去世を繰り返し生きてきた場合、また生まれ変わって同じような環境に自らを置き、そのパターンを打ち破るような環境を設定するのです。

あなたのハイヤーセルフも、あなたが生まれてくる前に、バランスを取る必要があるカルマをベースに今回の人生を設計しています。ハイヤーセルフとは、あなたがこれまでになったことがある過去世の全て、未来世の全ての集合です。

ですから、人生は、人それぞれに違うのです。今回の人生は未婚を通し、子どもを産まないことを選択している人もいれば、同性愛を選択している人もいます。

しかし、現代では多くの人が人と同じように生き、同じようなことを体験しようとしています。そして、どこかでしっくりいかずに苦しんでいます。


自分が本来、生きるべき人生は、自分との正直なコミュニケーションによって知ることができます。これは脳の3割の部分です。これが、ほんとうのあなたなのです。

そのためには、自分のフィーリングを知り、尊ぶことです。

たとえば、親に「結婚しなさい」と言われても、「それは自分にはしっくりこない」と感じるのであれば、そのフィーリングを尊び、自分に正直に結婚の選択はしないことです。

そのフィーリングは、ハイヤーセルフからの「あなたの今回の人生でする経験ではないよ」というメッセージだからです。

ハイヤーセルフは、言葉でこうしなさい、ああしなさいと伝えてくるわけではありません。五感を通して、フィーリングでさまざまなメッセージを伝えてきます。

たとえば、抑圧のパターンを破るのがあなたの今回の人生の目的のひとつである場合、そういう状況に置かれたときに、ネガティブに感じるフィーリングを与えます。つまり、「あなたに、こういう状況は合わない」と五感を通して伝えてくるのです。

それを信頼し、行動を起こせれば、あなたはバランスの実現に近づいたことになりますが、多くの人が親や社会に教え込まれた価値観や情報を優先し、フィーリングを無視してしまいます。つまり、自分を尊ばない選択をしてしまいます。

日常生活の中でフィーリングをもっと大事にすると、ハイヤーセルフの計画した人生を歩むことができ、「自分の人生を生きている」という幸せと喜びにあふれ、満ち足りることができます。

常にあらゆることに五感を使いましょう。自分はどの感覚に優れ、どの感覚でよいフィーリング、いやなフィーリングを感じるかがわかるようになります。

そして、あらゆることを自分に正直にフィーリングで選択し、自分を尊べば、もっとほんとうの自分の能力、才能を知ることもできます。つまり、「ほんとうの自分」を生きられるのです。多くの人が、あまりにも親や社会に制限されて、自分を小さく考えすぎています。

2

宇宙の流れにまかせ、そのエネルギーとともに生きる

なにかひとつの行動をすることは、天や自分の魂に向けて、なにかを表すことです。

動物にひどいことをした人は、ほんとうの意味での幸せを心底感じることは、多分一生ないでしょう。

人間にひどいことをした人も、そうだと思います。

よしもとばなな

現在、世界中の多くの人がなんとか自分のやりたい方法でものごとを行おうと、多くの時間を費やしています。けれども、宇宙の流れにまかせ、そのエネルギーとともに歩むことを学べば、世界ははるかに平和な場所になります。

ウィリアム・レーネン

ウィリアムへ

ものすごくわかりやすく、そして貴重なメールをありがとう。

ウィリアムが決して楽しいばかりでない子ども時代を送ったこと、足の問題があるのに、ポジティブな態度を保っていることが、どれだけ多くの人のはげみになるでしょう。

そして感情移入をせずに、思いやり深くあること、それが私の後半の人生の大きな課題であり、人生の意味でさえあると思っています。思いやり深いアドバイスをありがとう。

私は、自分のことをサイキックだとは思ったことがありませんでした（今でも、普通程度の直感力と観察眼があるだけだと思っています）。

私は、みんなにも、自分に見えている色がわかるだろうと思っていましたし、人の中にあるいろいろな考えが色でなんとなく見えることとか、自分の考えが何色になったときにはどういう傾向をおびるとか、そういうものもみんなにもなんとなくくらいはわかるのだろうと思っていました。

たとえば、幽霊をたくさん見る人を見ると、私からは濃い茶色や赤が見えます。その人が真っ白い服を着ていようと、お花畑の中に寝転がっていようと、そう見えます。幽霊が見える人に限りなく近い状態にあるのが、すごくお酒を飲んだ人と、水商売の人です。

偏見とかではなく、ただ、そう見えるのです。

あと、なにかよくないたくらみがある人は、会っているときにはすがすがしい印象でも、あとでその人を夢に見ると、怒っていたり、にやにやしていたり、顔つきが違っていたりします。悲しいことに、これは一回もはずれたことがありません。

しかし、そういうことをかぎりなく鈍《にぶ》らせている人もいるんだなあということもだんだんわかってきました。

というのは、これだけ細かく感じると、なかなか困難なことが多いからです。

あなたと同じく、私も高校生くらいまでたいへんな苦労をしました。

もちろんあなたほどいろいろなものが（職業レベルに高められるまで）見えるわけではないから、全然大丈夫でしたし、なんだかんだ言って鈍《にぶ》くずぶとく生きてきましたが！

そして最終的に「正直でいれば間違いないし、被害も最小限だし、面倒なことはへる」というふうになったのは、もうずいぶん大人になってからです。

そうなってからは、たくさんの人が私の正直さに傷つき離れていきましたが、わがまま勝手に生きるという意味ではなく、うそをつかない（特に自分に）ということは、いちばんきついけれど美しい山道だと思っています。

私があなたやヨシさんを好きなのは、とても正直だからです。

不況になると、喫煙率が高くなり、虐待が増える、私はそう思っています。

お金が潤沢《じゅんたく》だから動物をいじめず、健康に気をつける…それが正しいことなのかどうか、私にはわかりません。

私も忙しかったり、がさつだったりして、ずいぶん動物たちを不幸にしたことがあるな、と思っています。この、動物寄りの私さえ、そう思うのです！

そのくらい、種族が違うものが同じ家に住むというのはむつかしいチャレンジだと思っています。

違う種族のものたちを結ぶのは、愛情だけです。純粋な愛と、そしていっしょに過ごすことや、世話を通じての情の交換。

たとえばうちの子どもが熱を出しそうなとき、おかしな甘え方やはしゃぎ方をしているとき、自分がどんなに忙しいときでも、私にはなんとなくわかります。

でも、犬たちや猫たち、まして亀に関しては、よほど注意深く見ていないと、わかりません。

目の輝きや、遊び方や、過ごし方…毎日よく見ていないと、見逃してしまいます。

思うに、現代の人たちは忙しすぎて、じっくりとなにかを、ただながめるという経験が不足しすぎているのではないでしょうか？

自分が帰宅したときの犬の喜ぶ顔、寝ているとそっとやってきてよりそう猫のようすなどをじっと見ていたら、とてもひどいことなどできないと思うのですが…。

動物は雑に扱い、家族は大事にしている、そういう人間がいることも、あまりよく想像できないのです。

それはある意味、ひとつのことではないでしょうか。

うっかりアリンコをぷちっとつぶしてしまっても、少しいやな感触をおぼえるのが本能だという気がするのです。

こちらは大事にできて、こっちはどうなろうとなにも感じない、そういうのは、なにかがおかしいのだと思います。


その人がやったことは、どんなに小さくても、その人の記憶から消えることはないと思います。

その人がやったことを、全部ではなくても浄化できるのも、本人だけだと思うのです。

しかもたいへんな時間をかけて、やっと少し浄化できる、そのくらいに、行動とは大きなことだと思います。

なにかひとつの行動をすることは、天や自分の魂に向けて、なにかを表すことです。

動物にひどいことをした人は、ほんとうの意味での幸せを心底感じることは、多分一生ないでしょう。

人間にひどいことをした人も、そうだと思います。そのひどいことは、あくまで本人だけの中に基準があるからとてもややこしいのですが。

だからこそ、その人たちを支える人たちも必要になってくるのだとは思いますが。

もしも動物とのつながりを失っている人間がつながりを取り戻すには、できれば、やはり犬と暮らして、犬をよく見るという時間をとることではないかと思います。

犬は、人間が好きなのです。猫も鳥ももちろんそうですが、初心者には表現がわかりにくいのです。犬は、教えてくれます。

ただごはんをあげ、散歩に行き、同じ家にいるというのではなく、ただ、意味もなく、眺める時間を持つ、それがいいのではないかと、思います。

私が作家になったのは、心の中にあることを、体や声ですぐに表現するのが下手な子どもだったからです。

今でも、普通に生活している中では、あんまりうまくいっているとは言いがたいですが！

それから、この世界の美しさを、どうやったら讃《たた》えることができるのかと思ったからです。

ダンサーであれば体で、歌手であれば歌で表現したでしょう。でも、私は言葉が好きでした。

そういうことなのかなと思っています。

動物に関して、ウィリアムと犬たちの今の関係を、それぞれがどう変わっていったかを教えてもらえると、嬉しいです。

人間を信じない犬はいましたか？　今は心をひらいていますか？

新入りちゃんたちは、なれましたか？　前の犬たちは焼きもちをやいていないですか？

ではまた。お体を大切に。日本からいつも健康な状態をお祈りしています！

ばなな

ばななへ

多くの人が、感情移入という言葉をわかっていません。敏感で優しく、直感的、サイキック的であるためには、感情移入しなくてはならない、つまり他の人が感じている感情や痛みを同じように感じなくてはならないと教え込まれています。スピリチュアルな能力の開発に必要なのは、感情移入ではなく、思いやりです。このふたつは別のものです。

あなたは、長い間に、多くの人たちよりももっと気づきを得たと思います。あなたが人よりも優れていると言っているわけではありません。「感情移入」と「思いやり」という、ふたつの違いに気づいているということです。

現在、世界中の多くの人がなんとか自分のやりたい方法でものごとを行おうと、多くの時間を費やしています。けれども、宇宙の流れにまかせ、そのエネルギーとともに歩むことを学べれば、世界ははるかに平和な場所になります。

宇宙の流れにまかせて生きることについて最初に私が書物で読んだのは、「自分の力で変えられないものは静かに受け入れる心と、変えられるものは変える勇気をお与えください。そして、その両者の違いを見きわめる知恵をお与えください」という、アシジの聖フランシスコの祈りでした。それから何世紀ものあいだに、同じ考えを表明する人が大勢現れました。

私がとても面白いなと思うのは、なんて大勢の人たちが、他人の考え方をまるで自分のオリジナルなもののように言いたがるかということです。ときに人は、エゴにとらわれるあまり、ひとりの人間として自由に考える喜びを失ってしまうのですね。

あなたをはじめ、「エゴは、自分しだいでポジティブなものにもネガティブなものにもなる」と気づいている人たちもいます。あなたのように自分自身に正直に生きていれば、エゴをネガティブな形で使うようなことにはならずにすみます。

多くの人が、サイキックであるとはどういうことか、ほんとうには理解していません。サイキック能力は、人間だけでなく、あらゆる生命が持っているものです。

たいていの人は思春期を迎える頃に、ふしぎな色を見たり、感じたり、スピリットの音を聞くことをやめてしまいます。けれども、あなたや私のように、直感的な感覚やオーラなどの色を見ることに心地よさを感じたり、なじんだりしている人たちは、年を重ねてもそういう感覚、能力を止めません。

あなたが色をどう見ているか、すばらしい説明です。あなたが夢によって導かれる方法もよいと思いました。人のまわりに色やイメージが見えるメリットのひとつは、人の行動が引き起こす害から守られることです。

多くの人が「いやな経験はしたくない」と考え、さまざまな経験をすることをおそれて生きており、そのためにかえって困難な経験を引き寄せてしまっています。なにを引き寄せるか、それはその人の生き方、あり方で決まります。

あなたには、経験にもあらゆる生命にも偏見がありません。全ての生命への愛があるので、たとえあなたがだれかを知らなくても、人はそのエネルギーを感じて、あなたを自動的に信頼するのです。

運動能力、書く能力、踊る能力などを開発するように、サイキックな能力を開発させる人たちがいます。

だれでも踊ることは学べますが、すばらしいダンサーになれる人はわずかです。同じように、だれでも書くことは学べますが、あなたのようにコミュニケーションの一形式にまで昇華《しょうか》させられる人はわずかです。なにかの分野で成功するには、ただ能力を開発させるだけではなく、「成功を引き寄せる意識」が必要なことを多くの人が理解していません。

私は、「よしもとばななさんのようになりたいです」と言う人たちにたくさん会いました。ウィリアム・レーネン、歌手の今井絵理子さんのようになりたいです、と言う人もいるかもしれません。けれども、そうした人たちの多くは、「成功したい」という動機も十分でなければ、成功を手にするために自ら積極的に行動を起こす力も持っていません。

そして、どんなに成功した人にも、対処しなければならない個人的な問題は存在し続けることを忘れています。

私は、これまで常に養子問題の役に立とうとしてきました。ここ数年、私にとって関心があり、実現したい目標でもあるのですが、課題にもなっています。

というのは、私はルースと障害のある犬を救済し、引き取っているからです。私たちはそうすることが適切だと思っているので、やっています。人から認められなくてもいいのですが、あまりに非難されると、楽ではありません。これまで何度も、「ただの動物に、そんなに時間とお金をかけるなんて」「狩りができない犬や番犬として役に立たない犬なんて、なんの価値もないのに」などという言葉を耳にしてきました。

多くの人が、すでに存在し苦境にある子どもを受け入れるのではなく、自分の血にこだわってなんとか子どもを持とうとしています。

世界は人口過剰で、私たちには地球に暮らす全ての人に十分な食べ物を与える能力がなく、満足に食べられない子どももいます。

このことに、私はつい感情的になり、もっと客観的にならなければとは思うのですが、それでもやはり、「地球上でひとつの家族として生きること」について、人々は再教育される必要があると思うのです。

いったんあなたに書き始めたら、次から次へと書いてしまいました。あなたは、私を変えようとせずに私を理解してくれる数少ないひとりです。ありがとう。

あなたとあなたの家族への愛をこめて　　　　ウィリアム

3

愛すること、命をはぐくむこと

世界は広すぎる。さまざまな問題があるでしょう。

でも、それぞれがそれぞれの責任と判断力を全うするなら、それぞれの場所で、愛を求める子どもたちにとって、なにかしらの道はひらけると、私はそう信じています。

よしもとばなな

なにか大きなプロジェクトに関わらなくても、世界に違いをもたらすことはできます。ひとりの選択によって創造されたエネルギーは、まわりへと広がっていき、同じようなエネルギーを引き寄せていきます。

ウィリアム・レーネン

ウィリアムへ

あたたかい言葉をたくさんありがとう。

私は、いつも、動物のようでいたいです。

感じよく、きちんとしていて、人に好かれ、感情も安定していて、いつも人のためにある、そんな人にはなりたくないです。

ヨシといっしょにいろんな人のうわさ話を（あくまで楽しくポジティブに！）して、げらげら笑っていたいです。

体に悪いものもたまには食べ、お腹をこわし、呪いの言葉を口にし、でこぼこして、生きていきたいです。

自分のだめなところにおろおろし、できることでは調子にのっていたい。

それが人生のアートだと、思います。


動物をよく見ていると、いつも思うことがあります。

彼らは勝手に過ごしていても、人に不安や圧迫感を与えません。

動物は「明日これをやると大変だから、今のうちにやっておこう」なんて言いません。

「今日は寝すぎたから明日は起きてなくちゃ」とも言いません。

でも「あいつは憎たらしいからこっちに来たら噛《か》んでやれ」と思うことはもちろんあるし、そんなに思いつめていてもストレスがすごくなければ、忘れてしまいます。

それから死ぬときも、直前までふつうに過ごして、もういよいよだめかとなっても恐れずに、完璧なタイミングで去っていくように思う。


しかしそんな動物たちも、飼い主が苦しんでいるとき、いっしょに胃や膵臓《すいぞう》を壊します。彼らには愛がわかるんだと何回思ったでしょう。

彼らを愛するということは、ただ撫《な》でたり、かわいがることではなく、飼い主が幸せで、動物たちを愛していて、淡々と世話をして、なんとなくいっしょに過ごす、そんな毎日がある、ただそれだけなのです。

私の姉は動物に完璧に寄り添える人なんです。

姉には自分の予定はありません。全部の時間が自然に障害のある猫たちに捧げられています。

それは姉にとってムリなことではなく、いちばん楽なことなのです。

姉は木に登って降りられなくなった子猫を命がけではしごに登って助けに行き、ケガをした猫を毎日のように病院に連れて行き、子どもに踏まれて捨てられたらしい障害のある猫を一日でも生かそうと、垂れ流し状態でも、平気で抱っこしておしっこをしぼってあげてます。

その子ははじめ歩けなかったけれど、歩けるようになりました。

他の猫を噛み殺した猫に自分も噛まれて、高熱が出て、腕がひじまでパンパンに腫れていても、その猫にごはんをあげて「もうするなよ」と言ってます。姉が歩くと、ただ姉といたくて猫たちがぞろぞろついてきます。

姉に比べたら、私はまだまだ人間界にいるような気がします。

私の英会話の先生の飼い犬は、どこかの家で虐待されていたのをひきとったオスのシーズー犬でした。

先生のうちに来たとき、すでにかなりの高齢でした。いつも先生の足元にいて、先生といっしょに寝て、人生の最後の時期を幸せに過ごしていました。

いちど、スーパーの前にちょっとのあいだつないでいたら、その犬がさらわれてしまったことがあります。

みすぼらしい見た目の男の人が、連れて行ってしまったと目撃者は言いました。先生は必死でさがし、いろいろな人に声をかけ、警察にも行き、いっしょうけんめい祈り、そして、奇跡的に、犬は帰ってきました。また捨てられているところを保護され、先生の元に帰ってきたのです。

そのとき、その犬はすでに腎臓が腫れていて、その誘拐のストレスは彼の命に確かに影響があったと思うのです。

でも、彼は、それから半年生きました。

先生の枕元である朝、自然に息をひきとるまで、幸せでした。

犬がさらわれた話を聞いたとき、胸がきゅっとなって、息が苦しくなりました。

そして自分まで落ち着かなくなり、泣けてきました。

これは、感情移入の悪い例です！

そんなとき私は、ただいっしょにお祈りをしてあげること、先生に笑顔となぐさめを与えることをするべきなのです。

というのは、人がほんとうはみんな大きなものの一部で同じであっても、わざわざ、それぞれの個人であることの尊厳だと思うからです。

自分がどんなにそっくりな体験（愛する犬と寄り添い眠ること、いっしょに歩くこと）をしていても、ほんとうは、その物語は、先生とその犬だけの、個別の、特別なものなのです。

感情移入によって、その個別の尊いものに侵入してはいけない、そう思うようになったのは、最近です。

思いやりを持ち、共感し、わかるような気がするよ、と言ってあげる、それが全部です。

まだ徹底できず、ついいろいろ感じてしまうのですが、いつも気持ちをしっかり持って、するべきことをするようになりたいと、思っています。

私にとって、これは永遠の課題かもしれません。


私は一度流産しかかったことがあります。

それから出産のときも、いろいろトラブルがあって、かなりたいへんでした。

しかし、その経験によって、子どもを失ったお母さんや、赤ちゃんを産めなかった人の気持ちがはじめてわかるようになりました。

まわりのいろいろな例も見ました。

産婦人科には楽しいドラマもいっぱいですが、悲しいドラマもその分いっぱいなのです。

流産しかかったとき、いっしょうけんめいに、子どもに呼びかけました。

出て行かないでください、いっしょに暮らしたいんです、という感じで。

そうして、大丈夫だったとき、私は「自分の子どもじゃなくてはいやだ」という気持ちをかなりのところまで理解することが、生まれてはじめてできるようになりました。

だから、養子と思うと高いハードルを感じる人がいることは、わかる気がする。

ただ、もしもう自分の子どもをもつことがムリで、甥《おい》や姪《めい》や近所の子どもたちと過ごして自分の時間と経験を分かち合うこともないとしたら、自分の子どもがもうとっくに巣立ってしまって、子育ての経験があるとしたら、知っている人が身寄りのない子どものためになにかの活動をしていたら、少しずつ、参加することは人生にとって意味深いことだと思っています。

ウィリアムがしている、養子に関する活動とは、どんなものですか？

そして、さしつかえのない範囲で、どういうことが問題なのか、シェアしていただけますか？

世界は広すぎる。様々な問題があるでしょう。

性的な虐待を目的に養子を求める人さえもこの世にはいるのですから。

でも、それぞれがそれぞれの責任と判断力を全うするなら、それぞれの場所で、愛を求める子どもたちにとって、なにかしらの道はひらけると、私はそう信じています。


大好きなウィリアム、健康で、幸せでいてください。

ハワイのよい空気が、犬たちが、少しでもあなたを癒してくれますよう。

そしてお返事はゆっくりでいいですよ！

私は書くのだけは、早いのです。他はのろまだけど。そういう欠点もそのままでいようと思います！

ばなな

ばななへ

あなたはいつも私の脳を刺激し、ポジティブなエネルギーのスイッチを入れるコメントをしてくれます。

「動物のようでありたい」という、あなたのお話は、いろいろな意味で面白いと思いました。そうありたいという、あなたの理由もよくわかります。多くの人が、動物がどんなに安定していて、よい存在であるかに気づく必要があると思います。

「動物には魂がない」と考えている人も大勢いますが、私はそうは思いません。転生する必要がある魂は、自分がバランスを実現するのに必要な経験を与えてくれる肉体を選択して生まれてくるのです。

私が気に入っている自分の過去世は、犬として生きていたときです。ところが、この話をすると、否定的な反応をされることが多いのです。そうした人たちは、自分の信じていること（転生に関して）が、他人が信じていることよりも優れていると思っているようです。

私たちは今、みずがめ座の時代（140ページ）に生きています。ひとりひとりが「ほんとうの自分」を生き、人や人の意見を「よい・悪い」と裁いたり、非難したりすることなく、お互いの個を尊重し合う時代です。

犬だった過去世で、私は、「自分と違う考えや意見にもオープンで、決して固執しない」というあり方を学びました。


あなたの英会話の先生と犬のお話は、私たちひとりひとりが世界にポジティブな影響を与えられることを教えてくれます。

なにか大きなプロジェクトに関わらなくても、世界に違いをもたらすことはできます。ひとりの選択によって創造されたエネルギーは、まわりへと広がっていき、同じようなエネルギーを引き寄せていきます。

動物に、摩擦《まさつ》なく安らかに生きる権利を与えてあげることが大切です。先生の犬は長くは生きなかったと思いますが、恐怖なく生きる権利を与えられました。

ルースが非営利団体を始め、動物救済に献身しています。友人のジョー・アキノがバイスプレジデント（副代表）、私が書記と財務を担当しています。昨今の経済状況のために、ハワイ島にはきちんとえさを与えられていないペットがたくさんいますが、今のところは犬だけを救済しています。

あなたのお姉さんは、猫を助けるという、すばらしいことをしています。私も猫は好きですが、家には犬が何頭もいますから、安全を確保してあげられません。もっと広い土地を手に入れて別々に飼えるようになったら、猫や他の動物たちも救済したいと思っています。

あなたのお姉さんは、その行為に対して賞賛されるべきです。多くの人がケガをした猫のそばを通り過ぎていきます。なにか具合がおかしいことに、気づきもしない人たちさえいます。

はしごを使って子猫を助け出したお話を読んで、ワシントン州のシアトルにいる友人のことを思い出しました。友人は、同じように高いところから猫を助け出し、だっこしながらはしごを降りてくる途中、落ちて腕を骨折してしまいました。

この猫は、友人が腕にギプスをはめているあいだじゅうずっと、そばに寄り添っていました。ギプスが取れると、あいかわらずなついてはいますが、もっと気ままに〝猫らしいこと〟に時間を費やすようになりました。

ギプスが取れるまで、この猫は自分を救ってくれた友人の世話をしていたのです。動物はとてもよく気づいています。よくわかっています。

あなたは、感情をゆさぶられるような話を聞いたときに、体と脳がどんなふうに反応するか、話してくれました。この例を読むと、感情移入すると、私たちがどんな影響を受けるかがよくわかりますね。「感情移入せずに思いやりを持つこと」は、全ての人間にとって難しいレッスンです。

あなたの英会話の先生の犬の話は、私のハート・チャクラに触れました。人間だけではなく、あらゆる生命に心地よさをもたらす努力をしている人たちが世界中にいることを知って、励まされました。

このお話でいちばんよかったのは、この犬がさらわれたのち、再び、自分が愛され、安全だとわかっている場所に戻れたところです。

「この一連の出来事は、先生と犬にとっての成長とバランスのための経験である」というあなたのお話は、ほんとうにそのとおりだと思います。私たちのだれもが、他の人の経験をただ観察し、「それは正しい」「それは間違っている」といった自分の考えにとらわれないことを学ぶ必要があります。

多くの人が「これはよいこと」「これは悪いこと」などと、親や社会から教え込まれた価値感に従って生きようとして、人生にやってくる経験を無視してしまっています。たとえば、同性愛の経験がもたらされても、「世の中でゆるされていない」「親に反対される」などと考えて拒絶します。

しかし、同性愛であれ、なんであれ、その魂が必要としている経験だからこそ、ハイヤーセルフが与えるのです。ひとりひとりが、「自分の魂が創造した人生」を生きることがとても重要です（33ページ）。

あなたは「自分は感情移入してしまう」と言いましたが、完璧に感情移入せずに生きている人に会ったことがありません。私がこれまで出会った人たちの中で、あなたはとても客観的に観察して生きている人のひとりです。

感情移入せず客観的に生きるためには、非常に自分を律する必要があります。それは私たち全ての人間にとってのレッスンであり、学びです。どんな文化に住んでいる、どんな経済的レベルの人でも関係ありません。自分を律すること、これは人生にいつも存在する課題です。

あなたとヨシは、心地よい関係を築いていますね。ふたりともとても忙しいので、ゆっくり会話を楽しむ機会もあまり持てないとは思いますが。

「ヨシといっしょにいろんな人のうわさ話をして笑う」と書いていましたが、あなたたちを見ていると、人ではなく、人が「すること」のいくつかを笑っていると思うのです。

私もアメリカに、あなたとヨシのような関係の友人がいます。ジョイス・ボールドウィンです。私たちはいっしょにいると、私たちにとっては奇妙なこと、おかしなことについて話し、笑い合っています。

私は、人が、自信がなくて決断できないために経験する結果をよく笑います。

女性が「私は結婚していないから、子どもが持てない」という話をすると、笑ってしまいます。男性が「妻子がいないと、よい仕事に就《つ》けない」と言うのも、女性が「離婚したい。夫とはもう終わっています」と言いながら、「経済的に不安だ」「自立する自信がない」と堂々巡りの話をしているのも笑ってしまいます。

こういう話を聞いたときに私がまず思うのは、「自分の才能と興味について、考えてみてはどうでしょうか」ということです。

多くの人がいまだに親や世間から教え込まれた価値感や考え方に縛られ、ほんとうに自分で考えることができません。

子どもがほしいなら、結婚を待たず、シングルマザーになってもいいと思うのです。大切なのは、自分自身がほんとうに子育てに興味があるのか、その力があるのか、だけです。

自分が思う「よい仕事」に就きたいなら、自分の才能と興味について考え、必要な行動を起こせばよいのです。

どんな人でも、人生で問題に直面することがあります。そうした人生にやってくる経験に「対処しよう」と思わなければ、より高いレベルにスピリチュアルな意識を成長させるチャンスを逃してしまいます。

あらゆる人と正直にコミュニケーションすること、自分にも正直に向き合い、自分の性格的な傾向や問題にも正直になることが重要です。

たとえば、「感情的になりやすい」という自分の問題を正直に見つめれば、感情的になる場面に遭遇しても、感情的に反応するのか、客観的に反応するのか、選択が可能になり、成長するチャンスにできます。

自立が問題ならば、その問題があることを正直に認め、逃げなければ、解決も可能ですが、そうでなければ解決には至りません。

私は毎日、アファメーションを言い、新しい経験とアイディアにオープンでいようと心がけています。アファメーションを言うと、感情をコントロールしやすくなります。

とはいえ、時にはアファメーションや祈りをもってしても、疲れてしまうこともあれば、あまり具合がよくないと不機嫌で短気になったりもします。

私が教えていることから、私のことを「完璧な人に違いない」とか「困難な状況に直面することはないのだろう」などと思う人たちがいます。そうした、私が完璧であるべきかのように言ったり、反応したりする人たちに対して、私は防御的になり、言葉でやり返すこともあります。

私たちが肉体を持って生きている理由のひとつは、時にはでこぼこした道を通って困難な経験をすることです。

〝困難な時〟は、私たちを罰するためではなく、私たちに成長するチャンスを与えてくれるためにあるのです。

あなたは、息子さんを失いそうになったのをきっかけに、「どうしても血のつながった子どもがほしい」と思う人を理解できるようになったという話をしてくれました。私もだいたいは理解できるときもあります（少しですが）。

難産は、なかなか男性には理解できないものです。お腹の中の子を失いそうになるという体験の衝撃は、男性には同じようには理解できません。妊娠の経験がないからです。

あなたが、お腹の中の息子さんに話しかけたくだりは、男女を問わず、多くの人の心に響いたことでしょう。お腹の中の赤ちゃんがどんなにポジティブな言葉に影響を受けるか、理解していない人がたくさんいます。

「胎児には親の声が聞こえない」と言う女性もいますし、「学校に入るまでは、子どもとちゃんと話さない」と言う親さえいます。それまでは、どうせ話を理解できないと思っているのです。

赤ちゃんが生まれてくるまで関心を示さずにいながら、「なぜ、うちの子は自分になつかず、なかなか信頼してくれないのか、わからない」と言う男性も珍しくありません。

このみずがめ座の時代、だれもが、これまでよりももっと深いレベルのコミュニケーションの存在に気づくようになっていきます。

あなたは、息子さんが生まれてくる前に息子さんと関係を築き、彼がどんな困難に直面しようとも、いつでもあなたが励まし、支えてくれることを理解するエネルギーを与えたのですね。

以前、私は、「あなたは言葉以上のものを伝えて人に影響を与える、ユニークな書き方をする」と話しました。だれもが書くことを学べますが、あなたが実現しているようなエネルギーを使って書ける人は希《まれ》です。あなたの書くものには、多くの人が共感し、つながることができる感情、イメージ、深い洞察があるのです。

養子は、いまだに多くの人があまり考えたがらないテーマです。それぞれが自分にとって適切だと思う考えに従って一歩一歩進んでいくことについて、あなたが書いていたお話は、そのとおりだと思います。赤ちゃんを養子にする人もいれば、乳児院などでボランティアをする人もいます。ホームレスの子どものために募金する人もいれば、そういう子をピクニックに連れて行ってあげる人もいます。それぞれが、自分にできる一歩を踏みだし、歩んでいかなくてはなりません。

ワシントン州に住んでいたとき、私はさまざまな組織といっしょに、途上国の子どもたちのケアに取り組みました。日本の人たちとカンボジアに行き、その旅で、カンボジア大虐殺を生き延びた子どもたちが絶望的に困窮《こんきゅう》していることも知りました。

カンボジアでは多くの学校が設立され、クメール語とフランス語だけではなく、英語も教えていました。ところが、多くの学校では英語の教科書がなかったので、私は幼稚園や小学校に英語の本を送るプロジェクトを始めました。

このプロジェクトには「成功の意識」があり（73ページ）、少しどころか、5トンもの英語の教科書を集めることができました。あなたも知っているように、私は時に頑固でゆずらない人間になることがあります。カンボジアにそんなにたくさんの本を運ぶのは難しいとわかったときも、いっしょに取り組んでいる人たちがあきらめても、なんとか方法を見つけてこのプロジェクトを完了させました。

あまりにも多くの人がお金に固執し、人を助ける場合でさえ、自分の利益を優先せずにはいられません。運送会社はさまざまな製品を輸送しますが、コンテナが満杯にならなくても発送します。コンテナのスペースが空いているのに、「寄付する本だろうと、お金を全額払わないなら運ばない」と言われたこともあります。

しかし、ある大手の航空会社は、スペースがあまっていたとき、喜んで無料で輸送してくれました。厳しいルールがある会社でも、アジア行きの飛行機に空いているスペースがあれば運んでくれました。

メキシコで数年間、孤児に関するプロジェクトに取り組んだこともありますが、メキシコ政府とアメリカ政府の関係によって、継続するのが難しくなりました。私と何人かの友人は、今も孤児たちに食べ物や洋服を送っていますが、その全てが届けられるべき孤児たちに届いていないこともわかっています。

子どもへの性的虐待について、私は何時間でもお話ししてしまうでしょう。子どもだけではありません。年齢や性別にかかわらず、あらゆる性的虐待を終わらせるサポートをすることに、同じ固い決意を持っています。

性的虐待の問題は、有史以来、世の中に存在し続けています。過去、人はなにが起きているかに気づきませんでした。

でも、今の時代、人の苦しみに無関心、知ろうとしない、問題を隠すといった古いやり方は、もう通用しません。私たちのだれもが、人々がそのことに気づくよう、学ぶ手伝いをすることができます。

夏があっという間に過ぎていき、秋にまた東京で会える日もすぐにやってきます。

愛と祝福を　ウィリアム

プロジェクトには「成功」「中間」「失敗」という意識がある

人間が取り組むプロジェクトは全て、まずスピリットの世界で創造されます。スピリットの世界は、さまざまな階層でできています。無条件の愛を実践できない、暴力的、支配的、主観的、制限的、虐待的など、あらゆるネガティブなあり方がある階層もあります。

ここで詳細には書きませんが、人間とスピリットの違いは、ただ肉体があるかないか、だけです。生きているあいだにネガティブな生き方をすれば、そのままそのレベルがスピリットの世界での居場所を決めるのです。死んでスピリットになれば、自動的にいろいろなことが理解できるようになるわけではありません。

今、生きているときに理解できなければ、スピリットの世界に行ってからも理解できず、さまざまな取り組みをまた続けるのです。

スピリットの世界で創造されたプロジェクトには、意識があります。

低い階層で創造されたプロジェクトの意識には、低い階層のあり方のエネルギーが存在し、高い階層で創造されたプロジェクトの意識には、高い階層のあり方のエネルギーが存在しています。

低い階層のあり方で創造されたプロジェクトは制限と支配があり、究極的にバランスと成長に役立つものではなく、エゴを増長させる俗っぽい内容のものです。これは、「失敗の意識」です。プロジェクトが失敗するということではなく、ほんとうの自分を生きることに役立たない、という意味で「失敗の意識」なのです。そして、同じようなバイブレーションの人間を見つけ、人間界で実現しようとします。結果的に、こういうプロジェクトを創造するスピリット、実現する人間は新しいカルマを創造しているだけです。

一方、高いレベルのスピリットの世界で創造されたプロジェクトは、バランスと成長に役立つものです。こういうプロジェクトは「成功の意識」であり、高いレベルのバイブレーションを持つ人を見つけ、人間界で実現しようとします。

スピリットでも、人間でも、重要なのは、お金持ちになる、有名になる、よい結婚をすることではありません。スピリットも人間も、ゴールはバランスと成長を実現することです。自分に都合のよいことを引き寄せるのが生きる目的ではなく、「全ては経験であり、あらゆることに対処しよう」という生き方をしている人には「成功の意識」のプロジェクトがやってきます。私は、そういう意識を持っている人たちとしか、プロジェクトに取り組みません。

人は意識が低いと、「こうしなさい」「こうしてはいけない」などと他人を支配・指図したり、高い意識を持つ人間を嫉妬していじめたり、非難したり、仲間はずれにしたりして、影響を与えようとします。同じように、低い階層のスピリットも、なんとかして高い階層のスピリットに影響を与えようとしますが、高い階層のスピリットはネガティブなものには反応しないのです。低い階層のスピリットと高い階層のスピリットの戦い、いわゆる正邪の戦いなど存在しません。高い階層のスピリットが相手にしないだけです。

4

人生で
いちばん大切なもの

都会にいてもいいのです。風が吹いたり、緑が生き生きしていたり、山がまぶしかったり、そんなことがいちばん大事だと気づきました。

そういうことがあって、その中に他の愛するものが自然にいっしょにとけあっているのだなと思いました。

よしもとばなな

世界の先進社会はすばらしいですが、同時に人から、幸せに生きるための基本的なものを奪ってしまいました。多忙になり、楽しむ時間がないのです。けれども再教育の努力によって、知的に発達した社会がテクノロジーとスピリチュアリティを融合することは可能だと信じています。

ウィリアム・レーネン

ウィリアムへ

お心のこもったお返事、ありがとうございました。

あなたが犬だったときのことを考えると、笑顔になります。

大勢の犬たちと同じ部屋にいるとき、あなたも犬の中の一匹みたいに、自然ですから。


犬の話をもうひとつ。

うちのゼリ子ちゃんは、もう15歳で、歯も悪くなってきました。そしてあるときから、ドッグフードを食べなくなりました。

そりゃあそうだろうなあと私は思いました。飽きたんだろうなって。

それで、もう歳《とし》だし、健康のことをあれこれ考えていくよりも、幸せになってもらおうと思い、大量のフードをやめて、手作りのごはんを少量あげることにしたら、なんだか元気になってきたし、排泄物も匂いがしなくなりました。

全ての犬がこんな手間ひまかけた老後を過ごせるとはもちろん思っていません。

でも、このことを知って私は勇気がでました。

人も犬も、してほしいことは同じなんだ、と思ったのです。

ゼリ子ちゃんは来年の夏もいっしょにいるのかなあ、と思うと、切なくて、これまで一回もいっしょに海に行ったことがないので、海の家にいっしょに行きました。生まれて初めての海や砂にゼリ子は興奮して、久しぶりにいっぱい歩き、帰りの車の中ではずっと私のひざに頭を乗せて、幸せそうに寝ていました。

自己満足とは思いません。帰りの車の中で、たしかに、心が通いあっていたのです。

食べないからしかたない、フード以外はリスクがあるからあげない、もしものことがあったらいやだから海には行かない、そういう考えを選択しなくてよかったと思います。

もしも迷惑でなかったら、この本の巻末にウィリアムが関わっている団体のリストを載せてください。ちょっとしかできないけれど、寄付できたらと思います。

世の中の困難を終わらせることはできないかもしれないけれど、自分にできることを、こつこつとやるのは大事だと思っています。


私はこの夏、あまり体調がよくなかったので、生きることや死ぬことをいろいろ考えました。

そしてなにとお別れしたくないかも、よく考えました。

家族も、友達も、おいしい食べ物も、小説を書くことも、もちろんすごくすごく大切です。

でも、最後の最後に残るものは、自然との関わりでした。

都会にいてもいいのです。風が吹いたり、緑が生き生きしていたり、山がまぶしかったり、そんなことがいちばん大事だと気づきました。

そういうことがあって、その中に他の愛するものが自然にいっしょにとけあっているのだなと思いました。

いつもよりも空を見上げるようになりました。

ウィリアムが、自分も決して体調がいいと言えないのに、お祈りしてくれていると聞いたとき、涙が出ました。

そして私もあなたの健康をお祈りしました。

早めの休暇をとって、バリに行ってきました。

ウブドは昔よりも都会になっていて、観光客向けのお店がいっぱいだったけれど、夜になると闇がせまってくる感じや、少し田舎に行くと精霊たちが生き生きとしている様子は変わっていませんでした。

いつも私は旅行に行くと、人に合わせてがんばって観光するんだけれど、今回は、なにもしないようにしました。

朝起きて、朝ごはんをゆっくり食べて（鳥の声を聴きながら）、散歩して、いっぱい歩いて汗をかいて、お昼を食べて、ヨガをしたり、タイマッサージを受けたり、ヒーリングを受けたりしました。

ヒーリングをしてくれたのはバリの祈祷師《きとうし》のおじさんで、とてもあたたかいハートの持ち主でした。

汗だくになっていっしょうけんめいに、私のエネルギーの偏《かたよ》りを調整してくれました。

少しもお金めあてではなく、まるで親戚のおじさんみたいに優しい人でした。

ひとつの村にあんなあたたかい人がひとりいたら、みんな相談にいって、ものごとが大変になることはなく、平和が保たれるのだろうなと思いました。

ウィリアムも、みんなにとってそういう人ですね。

日本にも昔はそういう人がいっぱいいたんだけれど。

お寺もそういう場所だった気がする。

そして夜ごはんを食べる前もたっぷり散歩をして、バリのダンスを見に行き、目的のお店に行って、友達や家族としゃべりながら、ゆっくりごはんを食べました。

たったこれだけのことが困難になっている、私たちの現代生活について考え込まざるをえなかったです。

帰ってきたら、忙しさのあまり（もちろん他にもいろいろ原因はあると思うんだけれど)、大好きなタイ料理屋さんのご夫妻が、離婚していて、ご主人に会えなくなるので、お別れの会に行きました。

もしもっていうのが、この世にはないとわかっているけれど、彼らがもしウブドの川や田んぼの中であのお店をやっていたら、夜はゆっくり眠り、たまには休みもあり、お金はそんなに入ってこなくてもゆったりと過ごせる時間があれば、どうだっただろうって考えました。

人は、ほんとうに苦しいことがあると、いちばん大切な人から失っていく、そんな気がします。

私は、そうなる前に、ペースを落とすことを決断してよかったと思っています。ウィリアムもアドバイスをくれました。

ほんとうにありがとう。

愛をこめて　　ばなな

ばななへ

私が大勢の犬たちといっしょにいると、自然に見えると書いてくれましたね。私は犬や動物に囲まれていると、とても心地がよいのです。ペットだけではなく、野生の動物にも同じように感じます。

友人といるときも心地よく感じますが、動物といっしょのときには及びません。

私は人生を通してずっと、大勢のグループと過ごしてきました。そういう中にいるとき、人からは心地よくしているように見えると言われるのですが、私の内心はそうではありません。

大勢の人といっしょにいると、自分の不安定さが刺激されます。人といっしょになにかをするのは大好きですが、だからといって居心地悪く感じる部分が全くなくなるわけではありません。私がしている仕事は、私にとってのセラピーのようなものなのです。

あなたのようにペットを扱う人がもっと増えてほしいと思います。

人間が人それぞれであるように、動物たちも一匹一匹が違います。家にいる9頭のうち、3頭は果物が大好きですが、他は与えようとしても逃げてしまいます。

ルースと私は、家にいる犬たちにそれぞれ違う食べ物を与えています。

おっしゃるように、うんちがくさいときには、食べ物を変えなければなりません。

「犬はみんな、これを食べるべき」「これは食べてはいけない」などと言う人もいますが、私はそうは思いません。ペット自身に食べたいものを選ばせてやれば、より健康になるとわかったのです。

ニンニクはみんなの好物ですが、犬にはよくないと言う人もいます。しかし、ほとんどの犬は、嫌いなものや自分によくないものがよくわかっていて、食べません。ラスカルはサーモンが好きでしたが、一度くさったのを食べて具合が悪くなって以来、もう食べようとはしません。人間が経験から学ぶように、動物も学ぶのです。

あなたが時間をとってゼリ子を海辺に連れて行き、いっしょに過ごしたことはすばらしいと思いました。ペットといっしょに新しい冒険をシェアするのは、すばらしい価値があることです。

これまでに関わった中で私が特に気に入っている団体のひとつは、アリゾナにあるArizona Animal Welfare League（http://www.aawl.org/）です。友人のアマンダ・ブレイク（アメリカの有名な俳優）が設立し、パフォーマンスをする動物たちが年を取って引退したあと、余生を過ごせるホームを提供する活動を始めました。同じく俳優のリンダ・エヴァンスも協力していました。

アマンダは１９８９年に亡くなりましたが、今もこの団体はすばらしい活動を続けています。

私は今でも、この団体がサーカスから救済したオスのゾウが引き取られた家で起きたことを思い出すと、笑ってしまいます。

ゾウは大食漢で、平均的な大人のゾウで毎日、30キロの草、５〜10キロのパン、さまざまな穀物とおやつを食べ、１００〜３００リットルの水を飲みます。

ゾウを引き取ってくれる家庭を見つけるのは大変です。世話には手間がかかりますし、法的な規制がある地域もありますから。

このゾウを引き取ってくれたのは、大きな牧場と、フェンスに囲まれたテニスコートを所有する家庭でした。ところが、たった数日でテニスコートにある全ての葉、フェンスを越えて届くもの全てを食べ尽くしてしまったのです。

このゾウの名前は覚えていませんが、人がテニスをするのを見て楽しんでいたのは覚えています。このミスター・エレファントはあるとき退屈し、ラケットとボールを使って、自分流のテニスをして遊んでいました。

ある日、アマンダはこの家庭から連絡をもらい、「テニスコートにはもう何も残っていないので、このゾウを連れ帰ってほしい」と言われました。


ワシントン州に移り住んでからは、戦争や自然災害など、大きな問題を経験した世界中の地域に必要なものを集めて送り出すNPOのプロジェクトに参加しました。私の仕事のひとつは、個人と組織から寄付を募ることでした。地震のあった地域に医療品を送ったり、アフリカのルワンダにミシンを送ったり、途上国の子どもたちに教科書を送ったりしました。

２００４年、院内感染のために6ケ月入院したとき、私は自分がいる施設よりも資金が足りない施設でなにが必要とされているか、身をもって知りました。私は例のNPOのプロジェクトに参加していたので、資金が足りない病院や施設のために必要な機器を集めることができました。

どんなにスケジュールが忙しくなっても、私は困った人や動物を助ける時間を持つようにしています。「与えることと受け取ること」という宇宙の法則とともに育てられたからです（94ページ）。

ハワイ島に住むのはいろいろな意味ですばらしいことですが、多くの人が動物をひどく扱うのを目の当たりにして失望もしました。動物のために働くさまざまなグループがありますが、障害を持った動物をサポートするグループはありません。そこでルース、ジョー・アキノと私は、Malamala K9というNPOを設立し、障害のある動物の救済に力をそそいでいます。いずれもっと大きな土地を手に入れて、障害のある、あらゆる種類の動物をケアしたいと思っています。

救済した犬の引き取り手はだいたい見つけられますが、それでも現在、家には9頭の犬がいます。みんな、家族のメンバーと同じです。

「動物にそこまでしてあげるなんて、おかしい」と言う人たちもいますが、私たち3人は「他人がどう考えようと、かまわない」ということで意見が一致しています。理解してくれる人も大勢いますし、そういうネガティブではない人にフォーカスすればいいと思っています。

他の人を批判する人は、暇な時間がありすぎるのです。その時間を使ってなにかしていれば、自分に関係ないことを「よい・悪い」と裁くことに興味もなくなるでしょう。

健康状態がよくなくなると、人は自分の人生をさまざまな角度から見直すものです。あなたも、健康がすぐれないと感じていたあいだ、ほんとうに人生で価値があるものはなにか、洞察を深められたのですね。

自然に関して感じるフィーリングについて書かれていましたが、私も病気のときに同じような気づきの経験をしました。

人生にどう対処するか、選択してきた結果として、私もあなたも経験を「成長するチャンス」としてとらえられるようになりました。人より優れていると言っているのではありません。人生を違う観点から考えるチャンスを人に提供することに、私もあなたもいっしょうけんめいだと思うのです。


家族についても書かれていましたね。

私は、家族にはふたつあると思っています。遺伝的な家族と霊的な家族《スピリチュアル・ファミリー》です。

私は、遺伝的な家族よりも、スピリチュアル・ファミリーにフォーカスしています。スピリチュアル・ファミリーは意識的に自分で選択していますが、遺伝的な家族は私の魂が選択したものであって、なぜ選択したのかは覚えていないからです。

私は、自分が必要とする経験を受け取り、家族が必要とする経験を与えるために、自分が遺伝的な家族に生まれることを選択したのは知っています。家族だからといって、ほんとうの自分をあきらめ、家族の望むものを満たすつもりはありません。

あなたが感謝し、楽しめる家族を持っていることは祝福ですが、みんながそういう経験を選択しているわけではありません。全ての人にとっての大きなレッスンは、家族や友人のためにほんとうの自分をあきらめないということです。

私が最後にバリに行ったのは1981年です。その頃とは様変わりしていると思いますが、田舎の様子が変わらないことについて書いていたあなたの観点がいいと思いました。

バリで私はさまざまな村を訪ね、地元のシャーマンに会うのを楽しみました。あなたがシャーマンから受けたヒーリングもきっとすばらしかったことでしょう。

バリの思い出のひとつは、ある店にいたときに葬列がやってきたことです。店主が、「ほしいものがあれば、お金を置いていって」と言って、葬列に参加しに出かけようとしたのです。バリでは、今もそういう感じなのでしょうか?

今、私たちのだれもがライフスタイルを見直すときにきています。人生の見方を変え、「自分のエネルギーをなににそそぐか」を見直さなくてはならないと、大勢の人が気づいてきています。

世界の先進社会はすばらしいですが、同時に人から、幸せに生きるための基本的なものを奪ってしまいました。個々のライフスタイルを支えるために仕事で多忙になり、民族音楽、ダンス、アート、クラフト、その他の個人的な活動もグループ活動も楽しむ時間がないのです。けれども再教育の努力によって、知的に発達した社会がテクノロジーとスピリチュアリティを融合することは可能だと信じています。

タイレストランというのは、あなたのおすすめのお店のことですね。「もしも」ということに関して、あなたの言うとおりだと思います。オーナーの選択は、喜びと祝福よりも、お金にフォーカスしたものだったかもしれません。

お金のためにビジネスをするのは、正しい理由ではありません。スピリチュアルな哲学では、成功は、お金で決まるものではありません。

成功とは、自分がしている仕事を愛すること、仕事によって感謝されること、喜びのあるリラックスできる時間と仕事のバランスを実現することです。スピリチュアルな哲学を生きれば、経済的に必要なものは自然と満たされていきます。

あなたの作家としての成功は、どのくらいお金を得たかではなく、人とどれだけ喜びと洞察をシェアできたかにもとづきます。私は、あなたが家族と友人を無視せずに、いっしょうけんめい働く能力を尊敬しています。それがスピリチュアルな成功です。

ペースを落とし、宇宙のエネルギーの流れによってもたらされる経験を楽しむのは賢明な決断です。これからあなたにやってくる多くのプロジェクトに取り組むエネルギーが増すだけでなく、肉体的にも精神的にも、もっと心地よく感じることでしょう。あなたの決断はまた、家族と友人への贈り物です。なぜなら、ストレスを感じずにいっしょに過ごし、シェアする時間をもっと持てるようになりますから。

「人生は喜びです。人生を祝ってください」
スピリットガイドのドクター・チャールズ・ジェームズ・アンドリュー・ピーブルズからの言葉です。東京でお会いするのを楽しみにしています。

愛と祝福を　　ウィリアム

「与えること」と「受け取ること」

宇宙には、「与えれば与えるほど、受け取る」という法則があります。それは、物質的なことだけではありません。励まし、愛、思い、経験、与えれば与えるほど受け取るのです。全てはエネルギーです。

経験を与えるには、あなた自身が自分に正直に生きることです。

たとえば、支配的な親に対して、いつまでもその支配に甘んじて生きているのではなく、自分の正直な意見を表現すれば、「子どもを支配できないこと」を学ぶ経験を親に与えることができます。

あなたが「自分はなにに値するか（例：自分は支配されず、自由に生きることに値する）」を決め、信じることのために立ち上がれば、相手に考え、成長するチャンスを与えるのです。

相手があなたの正直な表現によって成長するかしないか、それはあなたには関係はありません。重要なのは、ほんとうの自分を生きれば、バランスと成長をもたらす人生を意識的に生きられるようになると同時に、まわりの人にも成長する機会を与えられるということです。

そして人に経験を与えれば与えるほど、あなたもさらに経験を受け取り、バランスと成長を実現していけます。これがあらゆるレベルで豊かさを生きるということです。

人生にやってくる経験を拒否せず、どんどん受け取りましょう。多くの人が、経験をただの経験だと思ってはいません。「よい・悪い」と判断し、「こういう経験は受け取りたいけれど、こういう経験は受け取りたくない」というあり方を続けています。

繰り返しますが、経験を通してのみ、私たちはバランスと成長を実現できます。この人生でいやな経験を避ければ、バランスと成長のために未来の人生でまた直面し、取り組まなければなりません。経験を避けると、転生を創造することになるのです。

いやな経験を好きにならなくてもよいのです。その経験に、あなたはどう対処するか、それだけです。

全ての経験は、私たちのバランスと成長のためにやってくること、偶然はないことを忘れないでください。

あなたのハイヤーセルフが、あなたに超えられない経験を与えることはありません。どんな経験であれ、必ず対処できます。

「与えることと受け取ること」をあらゆる側面で意識的に実践すれば、人生はより大きく、ダイナミックなものになっていきます。

5

今、私たちにできること

ひとりひとりがどう生きるか、そういう問題なんだなあとしみじみ思います。ただ、私の価値観の中では「人生はそんなにいっぱいのことをする時間はない、ほんとうにしたいことを、こつこつやったほうがいいし、順番がおかしいぞと思うことは、じっくり考えてみたほうがいい」と思います。

よしもとばなな

私たち人間はひとつの大きな家族です。「自分には、なにかを変えるような大きなことはできない」と言う人がいますが、それは「小さなことには価値がない」と考えているのと同じです。「自分のまわりでなにが起きているか」を観察するように変われば、ささやかでも、まわりに大きな影響を与え、ポジティブなエネルギーを広げられるようになるのです。

ウィリアム・レーネン

ウィリアムへ

お元気ですか？　日本はとても暑いです。

暑くて、みんな怒っていて、運転も荒くて、こわいです。

でも今日は少し涼しい風が吹いています。

今からフラに行ってきます。

海辺にいると、フラを踊っているのかな？　というようなファッションの女の子をたくさん見かけるけど、ほんとうにフラを踊っているかどうかは、ひと目でわかります。

フラを踊っている人は、顔がぱっと外に向いていて、姿勢も少し違うのです。

それを見ると、心のあり方は姿に出るんだなあ、としみじみ思います。

私たちがよく行くタイレストランの話だけれど、彼らはお金のために働き続けたわけではないみたいです。

忙しさだけが原因ではないし、自然が少なくて息が抜けないことだけが原因でもない……。だからこそ、もっと問題が複雑になってしまったのかもしれないですね。

今、日本では同じような問題がたくさんあります。

若い人はみんなまじめにいっしょうけんめい働くけれど、忙しくてなにもできないうえ、時間がどんどん過ぎて、生活はなにも改善されないというものです。

ゆっくり過ごしたり自然を眺める時間がなかったり、恋人や家族と過ごす時間やお金もないということもよく聞きます。

たまに会っても疲れ果てていて、ぐちを言いあうだけのカップルもまわりにたくさんいます。

新しい貧困層が生まれつつある日本では、その問題は深刻です。

今、いちばん話題になっているニュースは、水商売をしていた若いお母さんが、子どもたちを家にとじこめたまま家を出てしまい、ふたりの小さい子どもたちは死んでしまったというものです。

遺体はふたりともはだかで、なにも入ってない冷蔵庫には手の跡があったそうです。

あまりにもかわいそうでなにも言えないし、まわりのだれも気づいてあげられなかったこともおかしいし、さらにはそんなことをしてしまうまでゆがんでしまったそのお母さんの人生もあまりにも気の毒です。

ちゃんとした大人がほんとうにまわりにだれもいなかったのかな？　と思います。

私の生まれた地域はあまり裕福な人が多くはありませんでしたが、時代もよかったので、子どもが一時間以上泣いていたら、必ずだれかが声をかけたし、子どもが子どもだけでいたら、みなが交代で様子を見に行きました。

お母さんが何時間も出かけたまま帰ってこない、そんなときには、だれかがごはんを持っていって、次の日そのお母さんはあやまりに来て、近所の人に事情を説明しました。

両親が共働きで出かけて子どもだけ留守番の家でも、まわりの人のだれかが様子をいつも見ていました。

そんな時代は、終わってしまったのかな。

みなが微妙に生き方のシフトを変える時期だと思うのですが、お金、武器の輸出入、先進国の搾取《さくしゅ》などなど大きなことを考えると、なにもできずにぽかんとしてしまうだけなので、自分にできる小さなことから確実にやっていこうと思います。

自分にできる小さなことが周囲の人にいい影響を与えれば、小さい力でも深くなっていくと信じています。

うちの近所に、古道具やさんと本やさんがいっしょになったお店がありました。

そこに行くと、ちょっとした買い物をしてもしなくても、店主がお茶を出してくれたり、子どもにペンキを塗らせてくれたりします。

今、日本では子どもが少なくなっているので、いつもいろんなお店でいやな顔をされるんですが（確かに子どもは必ずものをこわしたり、いたずらしますからね！）、そこではほんとうに自然に、なんていうことなく、子どもを受け入れてくれたんです。

残念ながら、このせちがらい時代にはむつかしく、そこはもうなくなってしまいましたが…。

バリで、同じようなゆっくりしたお店をたくさん見ました。そんなに売れないだろうなあという感じなんだけれど、なんとなくお店の前に人がいて、一日を過ごして、家族でごはんを食べて…確かにいろいろ問題はあるのでしょうが、まあ、生きていければいいや、そういう感じ。

それがいい悪いではなく、そういうアジア的な雰囲気のよさを見直したい。外へ、外へと気持ちが向くとむつかしいけど。

全然関係ない話だけれど、私のまわりのお金持ちって、やっぱり、幸せな人は少ないんですよね。

特に子どもに関して…たとえば、お医者さん同士が結婚すると、子どもが産まれても忙しいから、お手伝いさんが子どもを育てて、ある程度の年になると、スイスとかイギリスの寄宿舎に入れたりしています。

そしてその子どもが大人になって、お医者さんになって…なんだか、よくわからないし、偏見なのかもしれないし、もちろんその人たちが子どもたちを気にかけてないわけではないのですが、なんていうのかなあ、順番がおかしいんじゃないかなあ、という気がするんです。

あと、お医者さんは、やっぱり人の命を救うことに心から興味がある人が、できればなってほしい。

でもそれぞれの家庭を見ると、それぞれの問題があり、簡単にはくれないので、やはり、ひとりひとりがどう生きるか、そういう問題なんだなあとしみじみ思います。ただ、私の価値観の中では「人生はそんなにいっぱいのことをする時間はない、ほんとうにしたいことを、こつこつやったほうがいいし、順番がおかしいぞと思うことは、じっくり考えてみたほうがいい」と思います。

全てはケースバイケースなのだと思っています。

たまたま忙しいのが好きな男の人が、やっぱり活動的な女性と結婚して、ふたりとも動きながら生きて、子どももあずけがちだけれど家族の時間もあり、仕事もうまくいく…そんなバランスならいいですが、だいたいのことは、そんなふうにはできていなくって、だれかに大きな負担がかかります。

それがだれであっても、その大きな負担は必ず次の世代に影響します。

それが人間の進化なのだとしたら、悲しすぎます。

だから、新しい時代には、それぞれの価値観を実現できる家庭をもったり、もたない選択をしたり、いろいろな複雑な状況でのシンプルな決断のつみかさねが必要なのだと思っています。


いつもできることをしているウィリアムを尊敬します。

私のロルファーの夫が、ウィリアムにロルフィングをして、しみじみと感動していました。あんな痛い足と体で、飛行機に乗って日本に来ているだけでも、すごいことだって。

私もいつもそう思っています。

それができるのは、ウィリアムがいつも今の瞬間にいるからだとも思っています。

私も、見習って、今日一日目の前のことを生きていきます。

ウィリアムも体に気をつけて、元気でいてくださいね。いつもお祈りしてます。

愛をこめて　　　　ばなな

ばななへ

あなたが日本で目にするネガティブな言動と同じようなことを、今、世界中の人が経験しています。

地球が温暖化を経験するのは初めてではありませんが、今回は人間のライフスタイルのために現象が顕著になっています。

多くの科学者は、長い氷河期ののち、ゆるやかな温暖化に入ったと考えています。それが、石油の大量使用、森林伐採、除草剤の散布、人口増加などによって、世界規模で加速しているのです。この問題は、地球の次世代を担う子どもたちにとって、大きな問題です。

エアコンが開発される前、人は暑さの中で生きることを学ばなければなりませんでした。現在の天候や経済状況、健康などに適応することを学ばないと、肉体的、精神的にバランスをくずします。そうなると、さまざまな状況に自分がどう反応するか、自制がききにくくなり、ついネガティブになって過剰反応するようになってしまいます。

フラがほんとうはなにを意味するかを理解しないまま、踊っている人はたくさんいますね。同じように理解が欠けた状態で、ヨガ、サイキック能力開発、マッサージセラピーなどを学んでいる人たちもいます。

ハワイ島のローカル（地元の人）たちがさまざまな伝説や物語、儀式をフラで表現しているのを見るのは楽しいものです。島の外では、新しい生き方や考え方を学ばなければならないことを認識しないまま、ただフラを学んでいる人たちが少なくありません。

先進国では、多くの人が伝統やスピリチュアルな理念の影響を受けないで生きています。キャリアとお金にフォーカスし、「この人生に生まれてきたほんとうの理由」を無視してしまっています。

「人々がお互いにケアし合うことに興味をなくしてしまった」というあなたのコメントは、私の心にも響きました。私が子どもの頃（あなたが生まれるずっと前です）、コミユニティは生活の大きな一部でした。

大きな家族の一部であれば、だれかが困っていたら助けると思います。私たち人間はひとつの大きな家族です。その家族のために、あなたや人々がいろいろなこと、ちょっとした気遣いをすることの重要さについて、書かれていましたね。「自分には、なにかを変えるような大きなことはできない」と言う人がいますが、それは「小さなことには価値がない」と考えているのと同じです。「自分のまわりでなにが起きているか」を観察するように変われば、ささやかでも、まわりに大きな影響を与え、ポジティブなエネルギーを広げられるようになるのです。たとえば、店員さんに「ありがとう」と言う、ドアを開けてくれた人に「ありがとう」と言う、そうしたことに時間を使うのはささやかなことですが、うれしい気分、よい気分を広げていきます。

お金を払って家の手伝いをしてもらうという形で、だれかに仕事を与えるのもポジティブなエネルギーを広げる助けになります。ただし、家のことをしてもらえる人がいるのはすばらしいことですが、家族への責任を無視する言い訳にはなりません。

子ども、家族、友人と過ごすことや、趣味に時間を使おうとしないクライアントに対して、私は「生きている理由を否定していますよ」とお伝えしています。

人に子どもの世話をしてもらっている人に、ひとつ提案があります。子どもがいずれ必要になるセラピストへの支払いのために口座を作り、貯金しておいてください。

第二次世界大戦後、人々はよりよくなることを目指すあまり、「コミュニティは家族である」という考え方が崩壊していきました。

私は、「コミュニティは家族である」という理想をあきらめるつもりはありません。だれもが自分のまわりで起きていることに気を配るようになれば、実現できます。

私は町、市、地区、国々は全て家族だと思います。私が思い描く最大のイメージは、「全ての人間が同じ家族である」というものです。家族であれば、嫌悪するのは難しくなります。

あなたが前回言っていた、子どもを置き去りにした女性と同じような問題がアメリカにもあります。最近、子育てに押しつぶされ、ふたりの子を殺した母親のニュースがありました。

だれもこの女性とコミュニケーションを取ろうとせず、まきこまれたくないと思っていたので、「なにかがおかしい」という警告のサインを全て無視していました。

自分のほしいものや必要なもの以外にも注意を払い、互いに助け合う必要があることは覚えておかなければならないと思いますし、あなたが前回おっしゃっていたことは正しいと思います。

障害者にも鈍感で、思いやりがありません。私にも鈍感な人たちを日本でもアメリカでも経験したことがあります。カナダでは障害者にもっと敏感であり、意識が高いように思いますが、最も思いやりがあって思慮深いのはメキシコだと思います。

あなたが書くことで達成することのひとつに、読者に、「自分の人生になにが起きているのか」「自分のまわりでなにが起きているのか」に、もっと敏感になって気づく刺激を与える、ということがあります。それはみんながひとつの家族であることについて、人々を再教育するすばらしい方法です。

来日するたびに、ヒロにロルフィングをしてもらうのを楽しみにしています。ヒロの仕事がすばらしいのは、ヒーリングをするときに、スピリチュアルな観点を持っているからです。

多くのヒーラーが特定の問題を解決し、勝手に必要だと思う取り組みにフォーカスしたいと思っています。一方、ヒロは、「ひとりひとりのクライアントの体全体と魂のために、エネルギーをシェアする」というあり方を確立しています。ただエネルギーをシェアし、それぞれの魂が自由に最適な方法でそのエネルギーを使う選択をさせてあげるのです。ヒロは、「ソウル・ヒーリング」と呼ばれるヒーリングを行う人です。

魚座の時代、ヒーラーはヒーリングすることで目に見える結果を求めました。変えようとすべきではないカルマに関連することさえ、解決しよう、変えようとしました。

みずがめ座の時代には、私たちはポジティブなエネルギーをシェアし、全ての人に、「魂の成長のために必要な経験」をさせてあげることが必要です。


バリをはじめ、世界のさまざまな地域では、ヒーラーやシャーマンがとても大切にされて活動しています。彼らはお金のことは考えません。地域の人々が物質的なニーズを満たすのを、宇宙が可能にしてくれると信じているからです。

一方、カナダに住むある男性のヒーラーもお金を請求しませんが、フルタイムの仕事をしています。そうやって生活費を得ているのです。

「彼のセッションがなかなか受けられない」と文句を言う人も多いのですが、そうした人は、セッション後、自分がなにかを与えなければ、彼がフルタイムの仕事をし続けなければならないことを忘れています。


アメリカでは、人にネガティブな影響を与えている大きな問題に対処するよりも、基本的人権に関して多くの怒り、議論があります。

今、アメリカで大きな問題になっているのは、同性間の結婚とオバマ大統領がどんな宗教を信仰しているかです。

こういう論争によって、人々は重要な問題に対処することから逃げていると思います。アメリカにも飢えた子どもたちがいますが、そういう問題の解決には至りません。

「○○教はよい」「××教は悪い」「異性愛はよい」「同性愛は悪い」といった、親や社会から教え込まれた、どうでもいい価値観や損得にとらわれて、本当に重要な問題を解決する時間もエネルギーもないのです。

そうしたあり方をしている人は、自分にバランスと成長を実現する経験を自由に招くこともできません。

人は経験から学ぶのです。たとえば、人前に出ることにどう対処すればよいか、その経験をしたことがない子どもがどうして学べるでしょうか？

今の時代、子どもも大人も、成長を実現する経験を否定されて生きています。「あることをやってみたい」と思ったなら、同性との恋愛でも陶芸でもなんでも、自分の興味に正直になって経験してみればいいのです。「変だと思われる」「親に反対される」「続かないかも」「飽きっぽいと思われるかも」などとどうでもいいことにとらわれ、思考が先行して同じところにとどまっていては、成長できません。

人生にやってくる全ての経験を讃《たた》えてください。自分がネガティブに反応しないかぎり、なにも悪い経験や出来事はないのです。

愛と祝福を　　　　ウィリアム

6

スピリチュアルとは、癒しとは

私の感じるのは、とにかく、全てが半分は受け身、半分は自分で決めて、そのバランスの中で流れるようにものごとが運ぶように注意深く見守っていれば、だいたいのことは自然に進んでいくということです。その自然さから少しでも逸脱した場合、そこにカルマ的なものが生じるのではないだろうか。

よしもとばなな

スピリチュアルなエネルギーは、学ぼうとして学べるものではありません。スピリチュアルなパワーは、それぞれの魂がバランスに向かって自分の道を歩んでいく中で獲得していくものだと感じています。

ウィリアム・レーネン

ウィリアムへ

ヒーリングとお金の話は、とてもむつかしいですね…。

自分と、自分の家族のためだけなら、ものすごい力をだれもが発揮できると思います。それは世界中のお母さんがあるいは妻が、夫が、各家庭でやっていること。

あまりにもあたりまえのことすぎて、話題にならないのかもしれないです。

そして、その力がふとフェンスを越えて普遍化し、他の人のためにも使えるようになったとき、それを仕事にしてお金に換《か》えていくか、あるいは自分の仕事を保ったままで、仕事の時間以外にヒーリングをするのか、それは生き方や考え方、年代によって全く違う話なので、いちがいにどうこう言えないものがあると思う。

ヒロチンはロルフィングに関して、お金がほしいからやっているわけではないし、それはあのご紹介した鍼《はり》の先生も同じだと思う。

私が彼らを好きなところは、お金は定額で、最低限で、しかしその中で常にベストをつくしながら、欲を出さず、自分の私生活をきちんと守っているところです。

ウィリアムは今、肉体的にかなりむりをして日本に来ていると思うけれど、ハワイ島に日本人たちが会いにいく形になっても、ウィリアムが存在して、言葉をかけて、気づきを教えてくれることによって人々が自分の内面深くにある宝に気づくことができるのは、同じだと思います。

私の知人は、ウィリアムのセッションで離婚を決めて、そのあともいろいろ苦労したけれど、セッションのときにもらった言葉を大事に抱えながらなんとか乗り切って、今度、再婚することになりました。その幸せそうな様子を見て、ウィリアムがどんなに多くの人に、だいじなことを気づかせるきっかけになっているかと思うと、泣けてきます。

私の感じるのは、とにかく、全てが半分は受け身、半分は自分で決めて、そのバランスの中で流れるようにものごとが運ぶように注意深く見守っていれば、だいたいのことは自然に進んでいくということです。

その自然さから少しでも逸脱した場合、そこにカルマ的なものが生じるのではないだろうか。

昔みたいに、小さい村があり、そこでいつのまにか家族の治癒《ちゆ》能力を引き出すなにかができるようになり、その評判が自然な早さで広まって、その人にできる範囲のヒーリングをやっていく…という自然な時間の流れは、今の世の中では期待できません。

でも、インターネットの発達により、遠くに住む同じ波動、同じ志の人とさっとつながることができるのが今のよさ。

遠くの小さい村にいる、言葉もほとんど通じない、多分一生会うことのない人となにかを分かち合うことさえできるなんて、ほとんど霊の世界のようです。

どちらの時代がいいとか悪いとかはない、ただ、肉体の制限としっかりととりくみながら、ヒーラーが自分の人生とバランスよくサーフィンしながら、人を手助けできたらいちばんいいのではないか、と理想的すぎるかもしれないけれど、思います。

今は、昔のように実際にその場にいることができない場合が多くても、メールでその人のところに時差を超えて飛んでいくことができる、それについては、ほんとうにすばらしいことだと思います。

だってインターネットがなければ、今こんなふうに話をすることもできない。

でも、こんな時代は、みな自分がどこにどうつながりたいかを意図していかないとむつかしいところがある。みな、体の声を聞かなくなってしまうから。


体を大切に！　そして日本の滞在おつかれさま。

あなたのホームで犬たちがもうケンカしないで平和に暮らせるように、ウィリアムが幸せな時間を過ごせるように、祈っています。

ばなな

ばななへ

ハワイ島の暮らしは、ハワイ島独自の時間に従って進んでいきます。国際的なニュースやアメリカ本土のニュースは見ていますが、私の時間のほとんどがハワイ島のエネルギーとともに流れていきます。

あなたをはじめ、数名の人によって、私は〝現実世界〟でなにが起きているのかについて考えさせられます。これは楽しいものです。なぜなら、これが現実世界でありながら、私の友人たちのほとんどは、それぞれに自分が思う現実世界に住んでいるのです。

社会によって、また世代によっても、異なる観点でものごとを見ています。ある場所では問題になることが、別のところでは問題になりません。あるグループにとっては正しいことが、別のグループではそうではありません。

私たちが、ほんとうの〝現実世界〟を知ることは可能なのでしょうか？

母親や父親が現実化するパワーを、多くの人が理解していないと私も思います。そうした親のスピリチュアルなエネルギーは、学ぼうとして学べるものではありません。スピリチュアルなパワーは、それぞれの魂がバランスに向かって自分の道を歩んでいく中で獲得していくものだと感じています。

家族以外にもスピリチュアルなヒーリングをすると決断する場合、そうしたいと思う自分の動機と意図を正直に見つめることが大切です。

世の中にヒーラーを名乗る人は大勢いますが、ほんとうのスピリチュアル・ヒーラーは少数です。多くはお金がほしい、有名になりたい、特別な人と認められたいといったエゴを持っています。

あなたが紹介してくれた日本のふたりのヒーラーは、霊的なヒーラーの役割を果たしている人たちです。ふたりとも客観的で、個人的な生活とヒーリングの仕事を切り離すことができています。

仕事にプライベートな問題を持ち込むことも、家庭にクライアントの問題やネガティブなエネルギーを持ち込むこともなく、ヒーリングに徹しています。

スピリチュアルなヒーリング・エネルギーを受け取ったときに、なにかを返すことの大切さを、多くの人が理解していないようです。「スピリチュアルな仕事をする人は、なにも対価を受け取るべきではない」と思っている人もいます。

しかし、こういうことを仕事にしている人も現代社会に生きており、普通の人と同じようにお金を払う必要もあれば、果たすべき義務もあるのです。

もしもシェアするお金がないのなら、ボランティアでヒーラーやサイキックの手伝いをしてもいいでしょうし、コミュニティや家族、友人、動物、植物のためになにかをするという形で返すこともできます。

日本訪問は体に負担をかけますが、みなさんから受け取る愛と喜びのおかげで耐えられます。ハワイ島でも日本でも、どこにいても私には痛みがあります。それならば、エネルギーをシェアし、受け取る経験ができる場所にいようと思います。

最近、日本のグループがハワイ島にやってきて、みんなでとてもすばらしい経験をしました。みんなが私から受け取るのと同じくらい、私もみんなから受け取りました。でも、その話をしても、私がなにを言っているのか、わからない人たちもいました。私が役に立ったことを言葉などで表してくれる人がいると、私はポジティブなエネルギーを受け取ります。私は私なりのやり方で、あなたはあなたのやり方で、先ほど言ったヒーラーの人たちもそれぞれのやり方で人とシェアするのです。

あなたは、宇宙のエネルギーの流れとともに自然に生きている人です。人の考えを正しいとか間違っていると裁くことなしに、その人をそのまま受け入れる人です。

ヒーラーやサイキックも、フルタイムで普通の仕事をし、空いている時間に霊的な仕事をするべきだと言う人がいます。

そういう人は、霊的な仕事で使うエネルギーと、普通の仕事で使うエネルギーが違うことがわかっていないのです。普通の仕事をしたあとでは疲れてしまって、霊的な仕事はできません。

こうした肉体的な制限をよくわかっているスピリチュアル・ティーチャーたちでも、人から助けを求められると、「ノー」と言うのは難しいものです。

私も体調がよくないときに、「(スピリチュアルな仕事は) できません」と言うことがありますが、人によっては、自分が望むもの、必要とするものを拒否されたことに対して、私に罪悪感を抱かせようとします。

私が取り組んでいるプロジェクトのひとつに、さまざまなスピリチュアル・ワーカーの人生と必要なものをどのように尊ぶか、人々に気づいてもらうというものがあります。

長い間、私はインターネットを無視しようとしてきましたが、電子コミュニケーションの時代に突入することに決めました。インターネットは価値あるものだということに気づきました。私も、あなたの「インターネットが全ての人にもたらす大きな価値」というコメントに賛同します。

私も、「どのようにインターネットにつながりたいか」を明確《クリア》に意図する必要があると思います。とても大切なことです。そして、人生のあらゆる側面において、自分の体を知り、体に耳を傾ける必要があるというのは真実です。

子どものときに自分を好きになり、自分を信頼することを教えられていないと、大人になってから体の声に耳を傾けることはとても難しくなります。

私がワークショップや著書ですすめているスピリチュアルなエクササイズに、五感を使う練習があります。私が思うには、多くの子どもが五感の価値を教えられておらず、それが大人になってから肉体的、感情的な問題を創造するのです。

ウィリアム

7

これからの時代を幸せに生きていくために

これからの子どもたちは、五感を大事にしながら、インターネットの世界にもつながっていかなくてはいけないけれど、これはある意味、もうひとつの次元が出現しているということですよね。体とのつながりがますます大事になっていくと思います。

よしもとばなな

だれもが、この人生で実現できる才能、能力を持って生まれてきています。人と比べたり、だれかのようになろうとしないことが大切です。そうすれば、それぞれが持つ目的を実現していけます。全ての人が異なるのです。

ウィリアム・レーネン

ウィリアムへ

新しい年になりましたね。

ウィリアムにとっていい年になるように、心からお祈りします。


体が痛い苦しみは、出産時に股関節を痛め、全く立てない時期が数ヶ月ありましたので、少しだけですが、お気持ちを理解することができます。

あまりにもなにをしていても痛かったので、痛いということにばかり気持ちが支配されてしまい、他のことが全く考えられなかったです。

なので、常に力まずにしかし前を向いて生きているウィリアムのことを思うと、よいエネルギーを送ることくらいしかできませんが、常に尊敬を感じます。

ウィリアムがジョークを言って笑いあうことをとても大切にしているところも尊敬しています。

聖人が言いそうにないジョークを言いながら、ヨシさんと大笑いしているウィリアムを見ると、ほんとうに心があたたかくなり、幸せになります。

それでも決して下品ではなく、ふたりの笑顔はいつも輝きに包まれています。


私にもファンと呼ばれているような人たちがいて、おおむねとてもありがたく、たいていのときに幸せを感じているのですが、たとえばいっしょに座っているとき、いつまでも緊張をとかないで、私の言うことを待っていて、決して自分からは話さず、ひとりの人間として私と接することを拒否するかのような人もいます。

まあ、私にとってはそれでもみんなかわいい若者たちなのですが、その人にとって、私は特別な人で、ガラスケースの中にいれて眺めていなくてはいけないのかな、と思うこともあります。

またその逆で、ただずけずけと自分の気持ちを言い、なれなれしくすることで自分の勇気をためそうとする人もいます！

どちらも、「今」にいない状態であると言うことができます。

自然な流れからは切り離されてしまっているので、やがて私に対する失望や怒りを訴えてくることが多いです。

それを見るといつも私は「この人は鏡の中の自分を見ていたんだな」と思います。

「私を見ていたわけではない、だから私は傷つく必要はない」

もちろんいい気持ちはしませんけれど。

もしもそこで「自分は特別な人で、この待っている人に特別なことを言って、感心され、関係を続けていこう」という罠にはまったら、私の人生も停滞していたでしょう。

その相互依存に関して、いつでも甘い罠はありましたが、私はいつでもＮＯを言ってきました。

それはとても大切なことだと思います。

また、スピリチュアルな人に対して、全てをたくしてしまうのは、大きな間違いです。私はその罠にも何回もはまりそうになりましたが、「あの人も同じ人間なんだ」と思うことで、なんとか抜けてきました。

たとえば、私には小説を書く技術があり、ヨシには英語を訳したり人をマネジメントする才能がある、それと同じで、ウィリアムのような人は、あるひとりの人間が才能のある部分を深く掘り下げたことで大きな力とつながっているだけで、人間を超えているのとは違う、そう思います。

だから、植物を育てるように、霊的な仕事をしている人の力を自分なりに支援し、大事に育てていくのも、クライアントの大事な側面だと思っています。

人の目に見えないものが見えるということに関して、私はウィリアムほどではもちろんありませんが、やはり苦労してきました。

自分にはどうしても悪い人に見える人をまわりのみんなが慕っていたり、自分にはどうしても楽しい場所に思えないところを、みなが訪れていたり、若いときは自分がおかしいのかな？　と思っていましたが、サイキックと呼ばれる人たちに出会うことで、その人たちがたいてい同じことに同じ感想を持っていることで、安心しました。

同じものを見ていない人に関しては、違う世界を生きているんだな、と思い、距離をおきました。シンプルなことだと思います。

しかし、人に見えないものが見えるのは、決して楽なことではありません。

ちょうど夢の中で、悲しみがふだんの悲しみよりも大きくなるように、繊細さが強くなり、痛みも大きくなります。

なので、あなたの言う、「普通の仕事をしながらヒーリングなどの仕事をするなんてとてもむり」というところに１００％同意します。

自分をものすごくにぶらせれば、パートタイムの仕事をすることができるとは思うのですが、そうしたら霊的な仕事のクオリティが落ちてしまうし、かといって山の中にいてだれにも接することなく自分の霊的な力をためておくのは、きっと違う方向に行ってしまうので、普通の生活をしながら、自分が楽にできる範囲をほんの少しだけ（ほんの少しというところが大事だという気がします。だって筋肉だってほんの少しだけ多く負荷をかけることで成長していくでしょう？　才能も同じだと思うんです）超えて、人のための霊的な仕事をするというバランスが理想だと思います。

そのバランスも、体調、年齢、あるいは天候などで変化していくので、きっと常にそのバランスを天と相談しながら、生きていくのが人間というものなのでしょう。

これからの子どもたちは、五感を大事にしながら、インターネットの世界にもつながっていかなくてはいけないけれど、これはある意味、もうひとつの次元が出現しているということですよね。体とのつながりがますます大事になっていくと思います。体につながっていれば、新しい次元を、彼らは柔軟に泳いでいくのではないか、そういう希望をもっています。

体は心と別物ではありませんが、体には体の言葉があり、体の意見があると思うので、そこを信頼することは私にとってとても大きな課題です。

頭で考えて言葉にしてしまう仕事なので、どうしても体の声をおろそかにしてしまうんです。

また、なにか思いつくことがあれば、この手紙へのお返事でなくても、なんでもメールしてください。いつでも楽しみに待っています。

愛をこめて　　　ばなな

ばななへ

全ての励ましに感謝します。どんなにスピリチュアルに見えたり、感情的に安定しているように見える人にも励ましは必要です。

私がなにを経験していても、どんな選択をしても、あなたは私に批判的だったことが一度もありませんね。批判的な人は、じつは不安定でほんとうの自信がないので、自分がどれほど優れているか、賢いか、まわりに見せようとしているだけなのだと思います。


私が病気や問題を抱えているときに、言われたことがあります。

「あなたがスピリチュアルな人なら、なぜそんなことがあなたに起きたのですか?」

「こんなことになるなんて、あなたはなにをしたのですか?」

おかしくて笑ってしまうのですが、こんなことも言われました。

「こんなことになるなんて、過去世であなたはよほど悪いことをしたのですね」

体の痛みにとらわれてしまうのは簡単なことですが、忙しくしていれば、痛みに焦点を当てなくなります。

私は、人や動物が抱えている問題にいっしょに取り組んでいると、自分のことにとらわれずにすみ、時間が早く過ぎていきます。いつもうまくいくとは限らず、スケジュールをキャンセルしたり、別の日にしてもらうこともありますが。

障害を持つ動物の救済に取り組んでいると、自分をあわれむ気持ちがなくなります。DV（家庭内暴力）を克服する組織といっしょに取り組んでいる時間は、自分の現状を、少なくとも少しのあいだは忘れていられます。

笑いは、肉体も感情も癒す、パワフルなヒーリング・エネルギーです。私は、自分も人も笑えるようにジョークをよく言います。

こんな面白い思い出があります。循環器系に深刻な問題を抱えて入院していた若い男性がいました。私は彼を訪ね、奥さんや看護師さんが下品だと思うようなジョークを言いました。

奥さんも看護師さんも、病状は深刻で休むべきだから、そんなジョークを言うのはやめてと言いましたが、私はやめませんでした。楽しい時間を過ごせば過ごすほど、彼の痛みが減っていったからです。

私が言っていたのは、彼なら笑うとわかっているジョークです。笑いを取り戻したことが、彼の回復の始まりとなりました。

今の時代、多くの人が過去に影響されすぎています。「〜していたら、こうなっていたかもしれないのに」といった「起きたかもしれないこと」や過去に起きたことにとらわれて、「今」を生きることを逃しています。

有名な人を畏怖《いふ》し、ただ服従してしまう人は、自分自身のアイデンティティを築いていません。不安定で、自分で考えられないのです。

私からネガティブなリアクションを引き出すためにいろいろなことを言ったり、したりする人たちもいます。成功した人たちにそんなふうに振る舞う人も、ほんとうは不安定で自信がないからです。

だれもが、自分に責任を持つこと、つまり「ほんとうの自分を生きること」に責任を持つことを学ぶ必要があります。今の時代に、ほぼ、全ての人が関係している集合的レッスンのひとつは、「自分の自由意志をどのように使うか」を学ぶことです。もうひとつは、「ほんとうの自分を生きること」に責任を持つ能力をはぐくむことを学ぶことです。

「全ては自分の魂に成長とバランスをもたらすために起こる」ことを理解せずに、人生に起きてくる出来事に対して、いつも「こうなったのは、○○のせいだ」「〜だから、こうなった」などと、人やなにかのせいにしようとする人がたくさんいます。でも私たちは、起きたことに対して、また、それにどう対処するかについて、自分が責任を持つことを学ばなければなりません。なにかのせいにして逃げるのはやめなくてはなりません。

私は、あなたのような作家になりたいと言う、多くのよしもとばななファンに会いました。よしもとばなな以外によしもとばなななになることはできないし、自分らしい書き方を見つけてくださいとお伝えしてきました。

自分のスタイルの確立の仕方がわからないので、「成功するためにだれかの真似をしなくては」と打ち明ける人も何人もいました。

しかし、だれもが、この人生で実現できる才能、能力を持って生まれてきています。人と比べたり、だれかのようになろうとしないことが大切です。そうすれば、それぞれが持つ目的を実現していけます。全ての人が異なるのです。

私は、人と付き合ううえで重要なのは、プライベート・パーソナリティとパブリック・パーソナリティを分けることだと思っています。

私は自宅にファンを招きませんし、買い物に出かけるとき（買い物は大好きです）は目立たないようにしています。

私だと人から気づかれることもありますが、そういうときは、「どうもありがとう」と伝えて、質問やコメントには入り込みません。自宅の電話番号が知られてしまったときには、「それは家の電話です。個人的な質問をしたい場合は、アポイントを取ってください」と言います。

友人が電話してきて自分の問題について話し、スピリチュアルなアドバイスを求めてくることもあります。そういうときもやはり、「今はプライベートな時間だから、アポイントを取って」と伝えます。

ただ、必ずしもいつもそうしているわけではなく、直感に従っています。なにごとにも100％ということはないものです。状況はそれぞれ違いますから。

よく知られている人をパーティーや私的なイベントに招いて、友人に好印象を与えたがる人は少なくありません。でも私は、ワークショップなど、前から予定されているイベントのとき以外は、プライベート・パーソナリティで生きています。

ですから、仕事などパブリックな活動を通して知り合った人からのディナーやパーティーへの誘いも受けないようにしています。

招待に応じて出かけて行った結果、他のゲストにサイキックとして紹介され、ディナーが始まるまでサイキックとして楽しませなくてはならなかったことが、これまでにたくさんありました。あらかじめ、私の能力を使うことも望んでいると伝えられれば、イエスかノーの選択ができるのですが。

この電子時代に育つ子どもたちは、多くの意味で祝福を受けていますが、同時に制限も受けています。なぜなら、電気を使えない状態に対処するすべを学んできていないからです。

子どもは五感を使うことをゆるされるべきであり、それが直感と第六感を刺激します。子どもは、大人よりも体に耳を傾けるのが上手です。五感を使うと、その能力をアクティブにできるのです。

大人は、子どもがなにを経験しているか、素直にオープンになって聞いてあげることを忘れてはなりません。大人は、自分が信じていることや意見を押しつけ、それが子どもの個性や自信を抑圧します。

魚座の時代が2000年間続いたあと、西暦2000年からみずがめ座の時代が始まりました（140ページ）。魚座の時代は論理、思考の時代でしたが、今はフィーリングと全ての感覚を使う時代です。この変化に適応することに多くの人が苦しんでいます。

知性や論理も使う必要がありますが、変化と非論理的な思考を経験してみようというあり方が大事です。

左脳的なあり方と、右脳的なあり方は両立できないと多くの人が考えています。でも今は、両方の脳をパートナーのように使うことを学ぶときです。

自分が信じていることや意見をあきらめる必要はありませんが、他の人が信じることも認めてあげることが必要です。今は、愛を持って人がそのままであることを認め、ゆるすこと、変えようとしないこと、全ての人・ものごとを尊重すること、スピリチュアルな倫理観をはぐくむことが重要なときです。

あなたの友情に感謝します。

あなたの友人　ウィリアム

みずがめ座の時代と魚座の時代

西暦2000年、宇宙はみずがめ座の時代に入りました。全てにバランスと成長をもたらすエネルギーに満ち、次々と変化がやってくる時代です。私たちの生き方も、人生に起きてくる変化にポジティブに対処することを通して、バランスと成長を実現していくことがポイントになります。

かつて魚座の時代は、左脳を偏重し、論理的な思考が有効で、人生を含む全てを論理的に予測し、計画することが可能でした。

しかし、今は違います。素早い変化の時代ですから、論理的にじっくり考えていたのでは間にあいません。自分の直感とフィーリングを信頼して、行動を起こしていくことが重要です。

どちらを選択するのが正しい・間違っている、得か損かという論理的な価値判断はもうやめて、興味を持ったり直感的に引かれたりしたら、とにかくやってみる時代が始まっています。どんどん経験しましょう。そうして経験を招けば招くほど、人生は豊かになっていきます。

「こうしたいけど、きっと損だから、やめておこう」「気が進まないけど、きっと得するから、やっておこう」などと論理的に考えて経験を選り好みしていると、自分の魂に必要な経験を招くことができず、結果的にフラストレーションと苦しみにあふれた人生になります。

魚座の時代には「どのような経験をするか」が大事でしたが、今は多くの経験を通してバランスと成長を実現することです。私たちの魂のゴールはバランスと成長であり、お金を稼ぐこと、有名になること、結婚することではありません。

なにを選択しようと、必要な経験がやってくるだけです。

ひとりひとりがそれぞれの人生を通してバランスと成長を実現することによって、宇宙もバランスと成長を達成していきます。そして、宇宙のバランスと成長に貢献する生き方は、ここでも「与えると受け取る」という法則によって、さまざまなサポートを宇宙から受け取ることができます。

また、みずがめ座の時代はポジティブとネガティブ、男性性と女性性、仕事と遊び、右脳と左脳など、異なるエネルギーが同時に存在する時代でもあります。ネガティブな経験をポジティブにする、男性の役割も女性の役割もできる、仕事だけではなく遊ぶこともできる、右脳も左脳も（直感と論理）両方バランスよく使うことなど、常に異なるエネルギーを生きる必要があります。

今の時代、真の安定とは、お金でも子孫を持つことでもなく、「なにが起きても前向きに対処し、正直にほんとうの自分を生きていける」という、自分への信頼と自信です。

エピローグ

ウィリアムへ

すばらしいメールをありがとう。

詩のようで、読んでいて何回か涙しました。

このやりとりもそろそろおしまいですが、私たちの友情は、これからもずっと続きます。

たとえお互いがこの世を去っても、永遠に続きます。

そのことが大きな力となっています。


このメールを訳してくれているヨシさんは、はじめ「ウィリアムのすごさをもっと大勢の人に知ってもらいたい、自分は社会的に大きなことを目指している」と言っていました。

男の人にとって、それは普通の気持ちだと思います。

しかし、今の彼はいつでも「ウィリアムが幸せで、自分の仕事も充実していて、わかってくれる人の心の中だけでいいから、なにかを残せたらいいと思う」と言います。

その変化はとても大きなものです。

私は、そのことにとても感動しました。

身近なひとりの人がこれだけの大きな変化をするのなら、あなたの生き方は真にすばらしいものだと言うことができます。

これ以上に大きな教えがあるでしょうか。


人生はいろいろあってあたりまえです。

事故、死別、障害を持つ、お金を失う、家を失う…なにがおきるか、だれにもわかりません。

だれも保証してくれないし、神様と契約することもできません。

しかし、それにどう対処するかを選ぶことはできます。

あなたがしてきた対処はどれも全て尊いものです。

天はそれを全部見てきました。

私、そしてほかにも大勢の人が、あなたを見て、多くのことを学びました。

ありがとう、ウィリアム。またすぐに日本で、ハワイで会いましょう！

いっそうたくさんの愛をこめて　ばなな

ばななへ
本を手に取ってくださったあなたへ

人生はさまざまな冒険の連続です。それが霊的、精神的な成長へと導くのです。よしもとばななさんと私は、私たちの冒険とフィーリングのいくつかと、だれもが人間であり、人生の経験はおそれるものではないということをシェアしたいと思っています。

人生のどの冒険もひとつの経験であり、私たちに選択するチャンスを与えてくれます。それぞれの経験に自分がどう反応し、対処するかを選択するのは自分自身であり、それによって、それがいい経験にも悪い経験にもなるのです。

この本が、人生を楽しみ、ほんとうの自分を正直に生きる励ましになることを願っています。

平和と喜びを　ウィリアム・レーネン

訳者あとがき

伊藤　仁彦

よしもとばななさま、ほんとうにこれまでありがとうございました。お名前をお借りし、さまざまな活動をして、私の人生はそれまで想像もできなかったものになりました。

さまざまな世界の方に会い、私の人生も価値観も大きく変わりました。人はどんなに有名でも無名でも、同じようなことで苦しみ、悩み生きていることを知りました。そして、それぞれの自由意志でどんなふうにも実は変えられるのにと思いました。派手な道を歩む人もいるし、地味な道を歩む人もいる。でも、そんなことはどうでもいいことで、人はただ必要な経験をしているだけだという大きな気づきがありました。派手な道に行くことをゴールにしなければいけないなんてことはないと、それぞれの道で結局、経験することは同じだと。

また、自ら多くのことを教えてくださったことに感謝しています。本のカバーに使う写真のために、ウィリアムと写真撮影をしたことがありましたが、その際、メークとヘアを担当する方を呼びましょうかとおたずねしたところ、「いりません」と言われてショックでした。

ウィリアムはあらかじめ、「ばななは、そんなものは必要ないと言うよ」と私に伝えていたのですが、有名な人は自分の外見を気にしているはずという私の固定観念がくずれました。リアルに生きてよいという大きな気づきでした。

さまざまな出会い、ばななさんとのやりとりを通して、私の人生に大きな気づきができたと思います。人の上にも下にも人はいないこと、人はそれぞれのスピードで気づき、変化していくこと、特別な人はだれもいないこと、人はそのままをリアルに生きればいいことを全体で少し理解したと思います。

少し離れて国、社会、人、あらゆることを観察するだけを実践していこうと最近、強く感じています。変わらない人たち、変われない人たちもただ離れて見ているだけです。

いつまでこの仕事をやるかわかりませんが、役立つかもしれない、さまざまな人たちの哲学、エネルギーに関する情報を提供し、あとはそれぞれにおまかせしようと思います。伝わってもよし、伝わらなくてもよしです。

ばななさんがおっしゃったように、私は前はもっとぎらぎらしていました。でも、今の自分には前にない気づきがあります。少し離れてあらゆることをただ見ているなんて心境に自分が達するなんて全く思いませんでした。

この数年間のさまざまな出会いが、私にバランスと豊かさを実現してくれました。豊かさというあり方を知る自分がいることにとても満足をしています。

みなさんに与えていただいたさまざまなチャンスを通して、私の人生はほんとうに豊かになりました。

みなさんに心から感謝します。そして、何度もこれは違う、あれは違うと転職を繰り返し、早く死ぬ日が来ないかなと毎日考えていた私に、人生は想像もしないものになる、奇跡はあるということを教えてくれたウィリアムにも感謝です。

スペシャル対談

よしもとばなな

×

ウィリアム・レーネン

本書を書き終えて

よしもと　この本を作っている途中で一度、ウィリアムのセッションを受けたんです。あらゆる角度から自分について言ってもらったのですが、その内容があまりに強烈で――それがなかったら、今、私はここにいなかったかもしれない、と思うくらい。

だいたいは、自分でもわかっていたことなのですが、自分の生き方や考え方の根底に関わるようなインパクトがありました。

でも私は、同じことを、ほかの人に言われたら、なんとも思わなかったと思うんです。彼のように生きている人でなかったら、聞かなかったと思う。

ウィリアムは人に期待しないでしょう、全然。「なにかちょっとちょうだいよ」とたかるところが、一歩もない。

いちばん私が感動したのは、ある出版社の方が「（支払い条件などが書かれている）出版契約書にサインしてください」って言ったら、ウィリアムが「サインなんてすると、ろくなことがないから、私はしないんです」ってキッパリ言ったとき（笑）。

ウィリアムは、昔からお金に対する欲はあまりなかったの？　成功とか。

レーネン　（うなずく）必要なものは宇宙が与えてくれると思うし。お金がたくさんあったとしても、あげてしまうでしょうし。

よしもと　そういう生き方を今までずっと見てきたから、彼のアドバイスを真摯《しんし》に受け止められたと思うんです。肉体的に決して楽ではないのに、ほんとうにニュートラルだし。痛みに支配されるのでもなく、「いや、ぼくは大丈夫です」とむりして言い張るのでもなくて。

お店に食べに行っても、そこが高いとか高級とかでは絶対に見ていなくて、「そこにいる人がどんなエネルギーを食べ物に入れているか」だけを見ている。ほんとうに、私もそうありたいなって思います。

レーネン　よくワークショップでも言うんですが、自分の五感を使って感じること、それを信頼して行動することが大切です。

そうそう、あなたが連れて行ってくれた、あのモンゴル料理店も、入ったとたん、においでおいしい店だとわかりましたよ。ヨシは「うわ～っ」って言っていたけど（爆笑）。

伊　藤　あの強烈なにおいは、ぼくは……ダメだったねえ（笑）。

レーネン　人はみんな、違う、ということです（笑）。私は、ヨシがハワイ島で海にもぐってウニを取ってきて、そのまま生で食べるのを見て、「うわ～っ！」ってびっくりした

（顔をしかめる）。

伊　藤　ぼくはそれは平気。海のそばで育って、小さい頃からしていたから。

よしもと　まぁ、人はそれぞれ違う、ということで（笑）。

レーネン　そう（笑）。ただ、あなたがすすめてくれたお店は、私たちはたいていリピーターになります。ばななはエネルギーを感じて選ぶ人だから、はずさない。

セッションでばななと初めて会ったとき、ずいぶん前ですけど、見た瞬間、ありのままの自分を正直に表現して生きている人だと思いました。「自分をよく見せよう、とりつくろおうとする人」ではないと。

そして、人生にはいい日もあれば、悪い日もある。そのことをおそれず、認められる人だとも。私はそういう人を尊敬します。元気がないのに、元気があるようにつくろったりすることもなく、自分にも他人にも正直な人。

まずは自分に正直であること。そして他人と正直にコミュニケーションすること。これはだれにとっても大事な学びです。

よしもと　でも、私も、「そうではない生き方のほうがいいのかな」と思っていた時期もあります。いちいちすごく傷つくから。

でも、結果的には同じだって、わかってきたんです。ごまかしても、結局、あとで問題が起きてきて傷つく。それなら、最初から正直に生きたほうがいいなって。

そうすると、人から非難されたり、ねたまれたり、いろいろ起きてきましたが、それもしだいにどうでもよくなりました。年とともに、厚かましくなったのかな（笑）。

レーネン　私はあなたより50歳上ですが（笑）、年とともに人からどう思われようとどうでもよくなるというのは同感です。

あなたとメールを交わすのは、楽しい経験でした。そもそも楽しくなさそうと感じたら、やりませんが（笑）。この本を通して、正直なコミュニケーションについて、みなさんがなにか学ぶところがあればいいなと思います。

今回、あらためてあなたについて感じたのは、自分から進んでいろいろな経験をし、その経験に対して怒らない人だということでした。普通なら怒りで反応するだろうことも、ただ受け入れる。それが驚きであり、印象的でした。

落ち込むことはあっても、怒りで反応しないんですね。

よしもと　自分でも、「どうしてここで怒らないのかな。怒ったら、話が早いのにな」と思うことはあります。

レーネン　自分がバラバラにくずれてしまうくらいに、怒りのエネルギーが自分を破壊することがわかっているので、落ち込みに変えるんです。

よしもと　ああ、そうですねぇ。

レーネン　まあ、私は、それでも怒りますけど（笑）。

よしもと　怒らないのは、美点であると同時に、弱点ですね。こちらが怒れば相手も出て行くだろうに、ますます踏み込んできたりしますから。

レーネン　でも怒ると、あなたにとっては人生のバランスをくずす原因になります。

逆に私の場合は、ときには怒りを出すことが、バランスを取るのに必要なんです。怒ると現実に引き戻され、グラウンディングできます。この本にも書きましたが、私たちがゾウを盗み出したとき――。

よしもと　盗んだ⁉（笑）

レーネン　サーカスで虐待されているのを見たアマンダがすごく怒って、「助け出すのを手伝って」って（笑）。怒りは現実を変える原動力になるんです。

よしもと　時効ですね、もう（笑）。

幸せは人それぞれ

よしもと　ウィリアムがすごいなって思うのは、ふだん言っていることと、どう生きているかに、違いがないこと。これまで仕事柄、ものすごくたくさんの人に会ってきましたが、そのギャップがほんとうにない人って数人しかいませんでした。

レーネン　自分が信じていることを生きるしかないと思うんです。

よしもと　言うのは簡単だけれど、そうしている人はすごく少ない。生き方にはいろいろな選択肢があるけれど、自分も、その道を行こうと思うんです。

レーネン　（何度もうなずく）

よしもと　大勢に会う仕事なので、その場に合わせたほうが楽なこともあるけれど。

レーネン　私もです。もちろんいっしょにいるときは親切に接しますが、正直でいますし、終わったら「さよなら」と言って立ち去ります。家に招いたりはしません。

伊　藤　ウィリアムは、相手がだれだろうと、正直な意見をハッキリ言うんです。相手の地位を見て、「ここで仲よくなっておけば、いいことがあるだろう」とか全く考えない。

レーネン　私の正直な意見を求めていないなら、来なければいいと思うんです（笑）。

よしもと　ウィリアムのセッションには心して行かないと（笑）。
私もセッションで、自分では完璧にクリアしていたと思っていた問題がまだだったというのがはっきりわかって、椅子から立てないくらい衝撃でした。人間って、ほんとうにそういうとき、立てなくなるんですね。……で、ぎっくり腰になりました（笑）。
でも、ほんとうに受けてよかった。それですごく変わりました。

レーネン　ヨシは私を変えようとしない。こういうことは言ってはダメ、とか、こういう服を着るように、とか。だから、いっしょにやっています。

伊　藤　変えようとしても変えられないし。

レーネン　お互いを無理に変えようとしないのは健全《ヘルシー》です。人間はひとりひとり、好きなものも好きでないものも違うのですから。

伊　藤　だから、人に好かれるか、嫌われるか、どう思われるかで一喜一憂しないのがいいと思う。ぼくは、真っ暗な部屋に帰ってたったひとりになるのが最高に幸せ。

よしもと　正直だなぁ（爆笑）。そうそう、幸せは人それぞれ。

レーネン　私も自宅はプライベートに生きる場だから、人はよびません。ばななは来たことがあるけれど。
今、私の家には犬が8頭いますが（9頭のうち1頭はジョー・アキノに引き取られました）、その中でもすごく大きくて目が見えないキップは、特にばななが大好きです。すぐそばに座ってじっと見ている。

動物には、とりつくろわず、リアルに生きている人がわかるんですね。

スピリチュアリティとは

レーネン 私たちは人間ですから、落ち込むときもあれば、気分のいいときもあります。肉体がある以上、人間的な反応や欲求があるのは当然のこと。そのままリアルに生きていいんです。そうあるべきでないなら、人間以外に生まれていたでしょう。

どのような経験をしてもいい。重要なのは、対処することだけです。

私は落ち込んだときは、それを楽しもうと思うんです。文句を言ってうめき声を上げるときも、それを楽しんでいようと。悲しいなら悲しい、それも自分の人生なのだから、認めればよくて。

よしもと ここではない、どこかへ行けば、あるいはスピリチュアルになれば全部楽になる、なにもかもうまくいって幸せになるという発想自体が、「生きる」ということとは違う気がします。逃避だと。

「スピリチュアル」というのは、どこかにゴールがあって、「そこに至ったら終わり」と満足できるものだという感覚を持っている人が多いけれど、仕事でも「お店を持ったら終わり」ではなくて、そこからがスタートですよね。

作家が「作家になった。これがゴール」と思って書かなくなったら、もう作家ではなくなりますね。ずっと続いていくものですね。

レーネン ゴールはないのです。どこまでも成長し続けるだけ。決して終わりはありません。

よしもと でも、大多数の人が、「こうしたら大丈夫になる」という感覚を大事にしすぎている気がします。「これさえなければ」「これがこうなれば」という感覚に強くとらわれて生きているような。スピリチュアルなことを言う人たちも。

そう教え込まれてきたのかもしれませんが、そこから少しでも出ていくと、もっといろんなものが見えてきたり、楽しくなったり、人生が広がっていくと思うんです。つらさも増えるけれど、人生がずっと豊かになる。

レーネン もっと、「ほんとうの自分」を生きられるようになります。それが、人生をほんとうの幸せと充実感、満足のあるものにしていくのです。

客観的な思いやりについて

よしもと　ほんとうの思いやりというのは、ただ優しくしてあげることだけではないんですよね。ウィリアムを見ていると、人にひとかけらも負担をかけない人だなぁって、いつも思うんです。精神的な負担とか、いろいろな意味で。

人に余計なものを持たせたり、持ち合ったりしない。けれども、ウィリアムにはあたたかさがあるんですよね。ひとりひとりがそうあるといいなぁと思うんです。

伊　藤　先日、ワークショップ中にうっと嗚咽《おえつ》した人がいたときに、隣の人がただスッとハンカチを差し出したんですね。そのとき、これがほんとうの客観的な思いやりだな、って思ったんです。そこで、「わあ、かわいそうに！」っていっしょに泣いたら、お互いにくずれてしまうだけだと思うんですよ。

よしもと　お互いに感情的になにか重いものを持たせ合ってしまう。

伊　藤　（うなずく）いっしょに悲しみの渦《うず》に入ってしまうのではなく、客観的に人を思いやるというのは、こういうことだと思いました。

レーネン　つながっているけれど、一緒になって取り乱さない。それが感情移入しない思いやりだと思います。

伊　藤　そこには心地よい、ほどよい距離感があるんですよね。

よしもと　ウィリアムがだれに対してもそうなのは、「こうすると、自分の得になる」という発想がひとつもないからだと思う。

レーネン　期待していないんです。相手にこうしてもらおうとか、こういうものを得ようとか。

よしもと　たいていの人は「ここでこうしておくと、あとでこうなるかな。いいこと、あるかな」とか、どうしても考えてしまうと思うんですが。

レーネン　以前、ロサンゼルスで講演したことがありました。300人くらいいて——みんな、期待に満ち満ちていました。

よしもと　なにかいいことを得よう、情報を手に入れよう、と（笑）。

レーネン　はい（笑）。だから、私は壇に上がって、こう言ったんです。「今日は、ひと言だけ言わせてください——期待は持たないでください」って。みんな、「はあ?」って顔をしていました（爆笑）。私はそのまま家に帰りました。

よしもと　（爆笑）帰っちゃったんだー。でも、すばらしいと思う!

レーネン　まあ、お金はもらえませんでしたが（笑）。でも、どうでもいいと思ったんです。お金のためにやっているわけじゃないし、もらっても動物にあげちゃうし。

よしもと　自分も少しでもそういうふうになりたいなあと思いますね。そのためにも、少しずつ軽くしていかないと。

レーネン　そうです。お互いに負担にならない関係が、もっと世界中にあれば……。

よしもと　もっとみんな、平和になります！　それから、「お金がもっともらえるから」と期待して「いやだけど、やろう」ということもなくなるでしょうし。

レーネン　期待しないでいれば、人生はあらゆる面でよりよくなります。セックスだって、期待しないでしたほうが、ずっといいんです（真顔）。

よしもと　むずかしい（笑）。

レーネン　仕事だって、行きたくなければ行かない。お金のためにいやなことをしなければ、自分のことを尊べるようになります。

私は、芸能界でプロデューサーをしていたときも、俳優さんたちに「(仕事に来ないので)私に会えない日もありますよ」と言っていました。もちろん、それが受け入れられたのは、それだけの実績を出していたから、ですが。

全ての人にとってのレッスンは、だれにも、なににも、お金にも依存できない、どんなときもほんとうに頼れるのは自分以外にない、と知ることだと思います。

伊　藤　「健康のために、これを食べよう・食べない」「お金のためにこれをしよう・しない」ではなくて、大事なのは楽しく生きることだって思います。「スピリチュアルに生きる」と言って、「これもあれもあきらめる」とあまりストイックになるのは……。

よしもと　それって、結局、「欲」ですよね。なにかになりたい・得たい、だから代わりになにかをあきらめる、という。

私は職業柄、いろんな人を見てきました。それで思うのは、だいたいの人がほかの人のリアリティを知らないままに、やみくもに漠然とあこがれていることって多いなって。お城みたいなところに住んでいる人は「狭い家で大家族で仲よく暮らすって、どんなかな」、一畳の人は「広いところに住むって、いい気分だろうな」って漠然と思っている。

でも事実は、みんなそれぞれに、それぞれのリアリティしかない。そのリアリティに関しては、どんな立場でも、お金があろうとなかろうと、変わらない。全てを売り渡すほどの差もない。

作家は、「ああ、この人にとってはこれがリアリティなんだ」と、想像するのではなく、実際に見に行くことができて、伝えることができる職業なのは、ほんとうにありがたいなって思っています。もし自分がどこかのリアリティひとつに閉じ込められなくてはならないとなったら、この仕事はできないので……。

伊　藤　そこでばななさんは、「これがいい・悪い」「こちらのほうが上・下」とはジャッジしないわけですよね。ただ、ありのままに伝える。

よしもと　でも、「自分は、どのリアリティが好きか。どれを取るか」は、明確に持っています。

厳格なマクロビオティックの実践者とも、パーティーで美食三昧《ざんまい》という人とも会う中で、意外に「虫歯の痛みに困るのは同じだな」って、そんなシンプルなささいなことに気づくんです。すると、「こうなりさえすれば、こうなる、幸せになる」みたいな幻想はなくなって、その代わり、「今、自分が持っているもの」の大事さにすごく気づくようになっていきます。家族とか。

もし家族がいなければ、そのときの自分はまた別のものを大事にしていたと思います。今あるものを、ただ、そっと大事にありがたく思う。そのことの大切さはいつも感じています。

伊　藤　ぼくもいろいろ見てきて、どれがいいとか悪いとか、なくなっちゃった。ほんとうに、自分のリアリティを生きるしかない。お金があるから、有名だからって、そのことがいいかと言えば、決してそうではないなって。幻想がなくなったかな。

ばななさんを見ると、ああ、ほんとうにリアルに、普通に生きているなぁって思うんです。

よしもと 幻想って、持たされているものですよね。テレビとか世間から。やっぱり毎日をいっしょうけんめい生きている人がいちばんいいですよ、どの世界でも。「なにをどうやっても、自分はこの幅だな」って、わかると思うんです。今からいきなりアラブの大富豪とかにはならないでしょう?（笑） その幅と、「自分はなにが好きか、なにを取るか」がわかっていれば、ほかはなにもいらないと思う。それがないのがいちばん、悲しい。

3・11——震災を超えて

レーネン 今回の災害は、日本人のあいだに「統合（ユニティ）」をもたらしたと思います。それは価値があることですが、理解しなくてはいけないのは、日本人だけではなくて、全ての人が統合していかないといけないこと。みんながひとつ。私たちは地球に住む同じ家族なのです。

全ての国に価値があり、どちらのほうが大事、ということもありません。

私は世界中で災害は終わっていないと思っています。なぜなら、地球は生きているからです。私たちにとっての災害とは、地球にとってはある意味、筋肉を動かしてストレッチしているようなもの。成長のためです。

今回のことで、日本人は、自分のまわりに住んでいる人たちを知り、ほかの人たちにも注意を払うことを学んだと思います。

よしもと　ほんとうにそうですね。

レーネン　この災害は、人間が自然からしっぺ返しを受けたとか、天罰が下ったとかいうことではありません。みんながもっと成長することを学ぶ機会だと思います。

福島の原発の事故もそうです。新しいエネルギーや方法にオープンになりなさい、ということ。私たちがもっと考えるチャンスになったという意味では、悪いばかりではありません。

「あの政治家が悪い」「○○のせいだ」と言っていると、もっと多くの人が怒りを募らせていくだけです。「あの人がしていることは好きではない、同意はしないけれど、その人たちがそうする権利は愛する」と言ったほうがいいと思います。

伊　藤　ほんとうに今回は予期しないことが起きて、みんながすごくよりどころを求めたと思うんです。ぼくは、ばななさんがツイッターやブログで「今日は下北沢で買い物してきました」とか書いているのを見て、「ああ、普通に生活していていいんだ。自分もそうしよう」と、励まされました。

レーネン　今回ほど、影響力のある人のあり方が問われたことはないかもしれないと思います。ばななが普通の生活をしている、今を生きていることに勇気をもらった人は大勢いたと思います。「もう3月11日は終わった。新しい生活を創っていこう」という励ましになったでしょう。

スピリチュアルなことを言う人たちも含めて、いろんな人が次々に国外に避難していった中で、ばななが東京にいたというのも、とても大きな意味があった。

よしもと　自分はとても現実的な人間なんです。だから、あくまで全てを現実に求めました。もし私が福島に住んでいたら、家族で移動したと思う。

レーネン　もちろん！　でも、アルゼンチンに行くとかではないでしょう？

よしもと　たぶん長野とか北海道（笑）。そこはちゃんと判断したと思います。あの段階では、どの情報を見ても、東京の人が移動する必要は感じなかった。ただ、いちばんわからなかったのは、福島の原発の問題でした。でも最初の3日間に逃げていなければ、同じだと判断して、そのまま東京にいることに決めたのです。

ただ、やはり原発の状況については、政府にはもっと早く知らせてほしかった。そしたら、初めの1週間は東京から離れたかもしれない。

逃げた人になんの悪い感情も持っていないけれど、「あなたたちにとっては、仕事とか、東京に住むということは、そのようなことであるのか」――とは、思いました。全てなくせるような。

現実的に情報を見ながら、どう行動するか、決めていきました。浄水器を買ったり、床を拭いたり、おさまってからは庭の草を刈って廃棄したり、最初の3週間はマスクもしていました。それだけやったら、あとはもうできることはないのだから、もうなにも考えてはダメだと思っていました。先々のことを思いわずらったりとか。

レーネン　ほんとうにそのとおりです。今回、多くの人が私に「日本に行くな、行くな」と言いました。でも、ハワイ島にいてもロサンゼルスにいても、どこにいても同じ。そんなのはどうでもいいと思ったんです。

そして今、東京で楽しく過ごしています。街は昔ほど明るくないけれど。

よしもと　それでも、ハワイ島よりは明るい？（笑）

レーネン　そうそう（笑）。これもただのひとつの経験だということを、私たちは忘れてはいけません。自分と自分の家族のことをケアするのが、この経験にポジティブに対処する方法だと思うんです。

よしもと　ウィリアムもそうだと思うんだけれど、私は小さいときから、ある種、いつも極限状況に生きているようなところがありました。戦争や災害で毎日のように世界のどこかで大勢の人が亡くなっているのをニュースで見ると、それがありありと生々しく感じられてたまらない。でも、人にはわかってもらえない。私の人生は毎日がホラー映画みたいなんです。

今回、震災でたくさんの人が亡くなったのはとてもショックで特別に辛かったですけれど、ある意味、自分はいつもそういう気持ちで生きてきたので、今の状態はいつもと同じ、という感じもあります。

レーネン　大変な人生を過ごしてきた人は、何が起きても、どう対処すればいいか、考えられます。だから、ばななは落ち着いて、「じゃあ、ほこりを払おう」「今、地面に出ている草を刈ろう」と現実的な対処ができた。

ハワイ島では数日間、電力が停《と》まって断水してしまうことがあります。そういうとき、犬を見ていると、ある植物を食べる。見ると、水分がいっぱい含まれているんです。それで、人間も食べられるんですね。

よしもと　動物はすごいですよね。

レーネン　人間も、人生で大変な経験をしてきた人は、困難なことがあってもパニックにならず、解決法を探しだそうとできるんです。そうでない人は、チャレンジがくると、どうしていいかわからない。

よしもと　震災のことではもちろん大変な気持ちになりましたけれども……。だからって、九州に逃げれば完全に安全かと言えば、同じかなぁと。

レーネン　私がワシントン（州）からハワイ島に移り住んだときも、いろんな人から「火山があるのに。爆発したらどうするの？」と言われました。噴火は過去にもあったし、これからもあるでしょう。

でも、どこにいても同じです。どこにいようと、自分に必要な経験からは逃れられません。どう対処するか、だけです。

これからはますます、お金持ちになる、こういう人生にする、こういう人と結婚するなどと論理的に考えて計画し、必死にゴールに向かっても、期待どおりにはならない時代になります。

これからの時代を幸せに生きたければ、宇宙の流れにまかせて、自分の直感やフィーリングを信じ、「自分にとって適切だ」と感じることを選択していくしかありません。

震災後、「エネルギーが重くなったと感じている」と言う人が大勢いますが、これは

2100年頃まで続きます。

よしもと　私は震災前に犬（ゼリ子）が亡くなって、その喪失感で日常生活に戻り切れていなかったせいもあるのか、それほど震災で精神的にまいってしまった感じはないんです。

それと、東京の人がガソリンだとか水のことでそんなに騒ぐのは、失礼な気がすると感じていました。そんなひどいことになっている地域ではないし、実際に自分たちの毎日の中で大変さがどれほど増えたかと言えば、ひと手間くらいなのに。

それから、共感は大切なことだし、人間にとってなによりも救いになると思うのですが、自分たちまでそういう経験をしたかのように振る舞うというのは、いいことだとは思えませんでした。

レーネン　そう思いますね。今回のことがきっかけで、自分の近所にだれが住んでいるか、人々がわかり始めて、お互いをもっと気にかけ合うことを学び始めたことは価値があると思うんです。

友人にならなくてもいいんです。でも、自分のマンションに高齢者がいるとわかれば、なにかあったときに、「大丈夫ですか？」「食べ物を持ってきましょうか？」などと言えますよね。

伊　藤　私の住むマンションでも、震災があった日、住民が集会室に集まって話し合ったり、励まし合ったりしたんです。20年間住んでいて初めてのことでしたね。それからは通路ですれ違うと挨拶を交わしたり、「お元気ですか」って声を掛け合ったりするようになりました。

レーネン　これからのみずがめ座の時代、お金は中心ではなくなります。今回のことで、多くの人が、どんなに財産をたくわえようと、なんの意味もないことを学びました。

もうお金の時代ではありません。いかに自然に、心地よく生きるか、だけです。この新しい時代、フィーリングが全てだと思います。

よしもと　ほんとうにそうですね。震災後、みんなが一日一日を大事に感じるようになったと感じています。それは、みんなが失っていたけれども、最も大切にするべきことだったんだなと、あらためて思いました。

ウィリアム・レーネンが関わっている
チャリティ団体＆応援しているチャリティ団体

関わっているチャリティ団体等

- The Universal Life Alliance
  http://www.tula501c3.com/
- Malamalama K9
  http://www.malamalamak9.com/

応援しているチャリティ団体

これ以外にも多数ありますが、主なものをあげておきます。

- Jessie's Place
  http://www.jimmiehalemission.com/
- Arizona Animal Welfare League & SPCA
  http://www.aawl.org/
- 国際NGO　ワールド・ビジョン・ジャパン
  http://www.worldvision.jp/
- NPO法人　犬と猫のためのライフボート
  http://www.lifeboatjapan.org/

よく、「お金がなくて寄付ができない場合はどうすればいいのですか？」と尋ねられます。私たちが提供できるのは、何もお金だけではありません。食べもの、衣類、ボランティア活動、いろいろ考えられます。

そして、人から何かを受け取ったら、必ず何かを返しましょう。でも、必ずしも与えてくれた相手に返す必要はありません。困っている人や動物、自然、環境、自分の好きなチャリティなどを助けることで、宇宙に何かを返してください。

人生を創る
――感謝と愛と奇跡に満ちて生きるために

2011年11月4日　第1刷発行

著　者――よしもとばなな／ウィリアム・レーネン
訳　者――伊藤仁彦／磯崎ひとみ
発行所――ダイヤモンド社
〒150-8409　東京都渋谷区神宮前6-12-17
http://www.diamond.co.jp/
電話／03·5778·7234（編集）03·5778·7240（販売）
装丁――――浦郷和美
本文デザイン―雫純子（aflo design）
編集協力――磯崎ひとみ
CDナレーション―田丸楓
CD音源製作―髙木弥生（ログスタジオ）
CD音源編集―磯部則光（ペニーレイン社）
DTP製作――伏田光宏（F's factory）
製作進行――ダイヤモンド・グラフィック社
印刷――――勇進印刷（本文）・加藤文明社（カバー）
製本――――川島製本所
編集担当――酒巻良江

ISBN 978-4-478-01709-8

[著者]

よしもとばなな (Banana Yoshimoto)

小説家。1964年、東京生まれ。日本大学芸術学部文芸学科卒業。87年、「キッチン」で海燕新人文学賞、88年、単行本『キッチン』で泉鏡花文学賞、89年、『TUGUMI』で山本周五郎賞を受賞。また『うたかた／サンクチュアリ』『アムリタ』『不倫と南米』等の作品でも海外を含め数々の文学賞を受賞している。アメリカ、ヨーロッパなど海外での評価も高く、『キッチン』をはじめとする多数の作品が現在30カ国以上で翻訳・出版されている。スピリチュアルな世界にも造詣が深く、これらの知識や経験をもとに、エッセイや対談などでも活躍している。

ウィリアム・レーネン (William Rainen)

世界的なサイキック チャネラー。米国ハワイ在住。過去生回帰のスペシャリストとしても知られる。これまで全米をはじめ世界のテレビ、ラジオの出演経験多数。企業や大学でもワークショップを行い、比類なき才能を発揮してきた。ドクター・ピーブルズをチャネルし、すべての人間が直感的であり、それぞれの時間、空間、方法で成長することを尊重しなくてはならないと一貫して提唱。現在、あらゆる概念を、2000年から始まったみずがめ座の時代にアップデートするためにワークショップ、著作物などを通して「バランス、調和、さとり、満足、デュアリティ」をキーワードとする変化への対応を発信。みずがめ座の時代のエネルギーに合致する、人々が幸せを実感する新しいあり方、考え方を提唱している。著書に『幸運体質になれる瞑想ＣＤブック』『宇宙のエネルギーを呼び込む幸運数ブック』『パワースポットinハワイ島』（以上、ダイヤモンド社）、『すべての人が幸せになる「魔法のことば」』(マキノ出版)、『直感力が高まる生き方』（中経出版）、よしもとばなな氏との共著に『超スピリチュアル次元 ドリームタイムからのさとし』（徳間書店）がある。
http://www.williamandkevin.com/

[訳者]

伊藤仁彦（いとう・よしひこ）

1969年生まれ。慶応義塾大学商学部卒。現在、IBOK株式会社代表。

磯崎ひとみ（いそざき・ひとみ）

上智大学文学部卒。出版社勤務を経て独立し、現在は翻訳、編集、執筆など多分野で活躍中。

人生が大きく変わる
アファメーションCDについて

ウィリアム・レーネン

✤ アファメーションとは？

アファメーションとは　ポジティブでパワフルな言葉を宣言することで脳に影響を与え、ネガティブなエネルギーを消し去るとともにポジティブなエネルギーを生み出し、あなたを達成へと導いていくものです。

✤「人生が大きく変わるアファメーションCD」の使い方

本書の付属CDには、あなたの願いを実現し、人生を変えていく力を持つパワフルなアファメーションが多数収録されています。

トラックごとに内容が分かれていますから、そのときの自分の目的に合わせて選び、活用してください。

また、同じ内容を、私とヨシ（伊藤仁彦）によるもの（男性音声バージョン）と、プロのナレーターさんによるもの（女性音声バージョン）の２種類の音声バージョンで収録しています。どちらでも、そのときそのときで、あなたの好きなほうを聴いてください。

もちろん、両方を聴いていただいてもかまいません。

トラック1～12

私の声と、それに続いて日本語訳の音声が収録されています。この日本語音声は、私のワークショップ等で常に信頼して通訳をお願いしているヨシによるものです。この音声バージョンを聴くと、私のワークショップを体験しているような気分になれるかもしれません。

ヨシの声は、スピリチュアルな通訳をするとき、バイブレーションが変わり、より高い次元にシフトします。

まず私が英語でアファメーションを言ったあと、日本語訳が流れます。そのあとに数秒、リピートポーズ（無音部分）を設けていますので、続けて言ってみましょう。口に出すのに抵抗を感じるときは、心の中で言うだけでもかまいません（こちらの音声バージョンには、アファメーションのタイトルコールはありません。アファメーションだけが収録されています）。

ただCDを聴いているだけでも、音声に合わせて一緒に言ってもいいでしょう。大切なのは、あなたにとって心地よく、ポジティブに感じる方法で行うことです。

トラック13～24

女性音声による日本語のアファメーションだけが収録されています。アファメーションの内容は、トラック1～12と同じです。

内容

同じ内容が２種類の音声バージョンで収録されています。

ナレーション	トラックNO.	人生が大きく変わるアファメーション
トラック1～12 ウィリアム・レーネン（英語音声）＆伊藤仁彦（日本語音声）	1	毎日、言いたい ポジティブな人生に変わるアファメーション
	2	素晴らしい1日をもたらす 朝のアファメーション
	3	疲れを癒し、明日を創造する 夜のアファメーション
	4	ネガティブな経験が乗り越えられる、 ネガティブな感情が手放せるアファメーション
	5	客観性と無条件の愛が身につく アファメーション
	6	新しいチャンス、わくわくする経験を 引き寄せたいときのアファメーション
	7	直感力を高めたいとき、 スピリチュアルなメッセージを受け取りたい ときのアファメーション
	8	幸せ、豊かさ、愛、成功、奇跡…を引き寄せ、 願いをかなえるアファメーション
	9	愛と喜びを広げるアファメーション
	10	自分を愛し、癒し、受け入れる アファメーション
	11	人や自分以外の存在のための祈り
	12	恋人、仕事…失う経験をしたときの アファメーション

※1～12の音声バージョンには、タイトルコールはありません。

ナレーション	トラックNO.	人生が大きく変わるアファメーション
田丸 楓（日本語音声）トラック13〜24	13	毎日、言いたい ポジティブな人生に変わるアファメーション
	14	素晴らしい1日をもたらす 朝のアファメーション
	15	疲れを癒し、明日を創造する 夜のアファメーション
	16	ネガティブな経験が乗り越えられる、 ネガティブな感情が手放せるアファメーション
	17	客観性と無条件の愛が身につく アファメーション
	18	新しいチャンス、わくわくする経験を 引き寄せたいときのアファメーション
	19	直感力を高めたいとき、 スピリチュアルなメッセージを受け取りたい ときのアファメーション
	20	幸せ、豊かさ、愛、成功、奇跡…を引き寄せ、 願いをかなえるアファメーション
	21	愛と喜びを広げるアファメーション
	22	自分を愛し、癒し、受け入れる アファメーション
	23	人や自分以外の存在のための祈り
	24	恋人、仕事…失う経験をしたときの アファメーション

効果アップ！　アファメーションのコツ

① 雑念をはらい、無心の状態で言おう。

恋人、親、子ども、仕事、プロジェクトなどのことを考えていない、自分の中が穏やかで静かな状態で言いましょう。ほかのことを考えながらでは、アファメーションの意図にフォーカスできなくなります。

② できるだけ何度も言おう。

何回言うのがベスト、という数はありません。家、地下鉄、職場、歩いているときなどに、何度でもアファメーションを言ってください（心の中で言うだけでもかまいません）。

③ 言葉に感情や色を込めよう。

アファメーションを言うときには、その言葉に喜びや心地よさ、うれしさ、祝う気持ち、讃える気持ちといったポジティブな感情や、さまざまな色を込めましょう。

色は、そのときの自分の直感で、アファメーションの言葉に合った色を選んでください。

④ ビジュアル化しよう。

脳の中で、自分が取り組むアファメーションのコンセプトを表す映像を創造してください。

たとえば「私は光に包まれています」というアファメーションを言うときに私が使うイメージのひとつは、白い光に自分が包まれている様子です。

私と同じイメージを使う必要はありません。自分に合うものを、楽しんで見つけてください。「包まれている」という言葉を使うときは、卵型の光に包まれている様子をイメージするとよいかもしれません。

思い浮かべるのは、静止画でも動画でもかまいません。直感でイメージを見つけてください。

⑤ 期待はしないほうがいい結果につながる。

アファメーションを言うときは、その結果は宇宙にまかせましょう。「絶対、こうなりますように」といった期待を込めると、かえって結果を限定することになり、宇宙やハイヤーセルフがもたらそうとしている無限の奇跡を阻んでしまいます。

「○○さんと恋人になりたい」というように、特定の人や物、会社などに限定するよりも、「私は愛にあふれる恋人を受け取る準備ができています」といったアファメーションのほうが効果的です。宇宙が用意してくれる、あなたにふさわしい恋人は、○○さんとは限りません。

アファメーションを楽しんでください。スピリチュアルな成長とスピリチュアルなツールはシリアスなものでなく

てよいのです。リラックスし、自分の成長を楽しんでください。

注意！　言いっぱなしでは効果半減

アファメーションで注意したいのは、「言って終わり」にしないことです。

そのアファメーションのエネルギーを生きること、つまり実践することが、実現への鍵を握っています。

たとえば、「私は経済的な豊かさを受け取る準備ができています」というアファメーションをいくら言っても、実際に仕事を探さなければ、豊かさは実現しません。

また、「私は愛にあふれた恋人を受け取る準備ができています」と言っても、家と会社を往復するだけの毎日を繰り返していたのでは、アファメーションのエネルギーを生きていることにはならず、実現はおぼつかないでしょう。自分自身もいろいろなところへ出かけ、交流を広げることが大切です。

そして、愛にあふれ、あなたを平等に尊重してくれる恋人がほしいなら、あなた自身も愛にあふれ、平等を実践してください。

そのエネルギーを生きるとき、自然と同じエネルギーのものを引き寄せることができるのです。

アファメーションを作ってみよう

アファメーションは自分で作ることもできます。そのときのポイントは、次の3点です。

① 自分にとって心地よい言葉、ポジティブなエネルギーを感じる言葉を使う。

人は一人ひとり、皆違います。どういう言葉をポジティブに感じるかも、人それぞれ。自分自身の感覚に正直に、敏感になって選びましょう。

② 言葉の数は少なく、シンプルな言い切る文章に。

③ 特定のトピックに絞る。

１つのアファメーションに多くの言葉やトピックを入れると、人間の脳は混乱します。脳がフォーカスできるように、絞りましょう。

アファメーションを作るときには、まず最初に、あなたが達成したい点をリストに書き出してみるのもおすすめです。人生をより生産的にし、満足を感じるものにするために、性格、自信、コミュニケーションのスキル、容姿、決意などをどう変えていきたいですか？　そのリストをもとに、アファメーションを作りましょう。